丛书编委会

大家精要

笛卡儿

周晓亮 著

陕西师范大学出版总社

Descartes

图书代号 SK16N1006

图书在版编目（CIP）数据

笛卡儿／周晓亮著. —西安：陕西师范大学出版总社
有限公司，2017.1（2024.1重印）
（大家精要）
ISBN 978-7-5613-8708-5

Ⅰ.①笛⋯　Ⅱ.①周⋯　Ⅲ.①笛卡儿（Descartes, Rene
1596—1650）—传记　Ⅳ.①B565.21

中国版本图书馆CIP数据核字（2016）第271388号

笛卡儿　　DIKA'ER

周晓亮　著

责任编辑	郑若萍　陈柳冬雪
责任校对	尹海宏
特约编辑	仲济云
封面设计	张潇伊
出版发行	陕西师范大学出版总社
	（西安市长安南路199号　邮编710062）
网　　址	http://www.snupg.com
印　　制	永清县晔盛亚胶印有限公司
开　　本	650 mm × 930 mm　1/16
印　　张	10
字　　数	100千
版　　次	2017年1月第1版
印　　次	2024年1月第2次印刷
书　　号	ISBN 978-7-5613-8708-5
定　　价	45.00元

目　录

附录

引　言

19世纪中叶，西方列强的炮舰轰开了中华帝国的大门，给长期闭关锁国的中国人带来了一段丧权辱国的悲惨历史。为救国图强，中国的知识分子开始从西方的强盛中寻找答案。他们发现，西方列国之强，不仅在于它们的经济发达和船坚炮利，而且在于其思想文化的蕴力。梁启超认为正由于近代西方的思想"革新"，才造就了西方的新道德、新政治、新技术、新器物，从而有了西方的新国家、新世界。梁启超的话正确概括了近代西方国家由思想的进步带来社会进步的历史进程。那么，谁是这一思想"革新"的开创者？梁启超十分恰当地将之归功于两个人，将他们称作西方近代文明的"始祖"：一位是英国的哲学家弗兰西斯·培根（Francis Bacon），他的名言"知识就是力量"已经成为一个时代精神的号角；另一位就是本书的主人公法国哲学家勒内·笛卡儿（René Descartes），人们对他的铭记永远离不了他那个令人神往的形而上学命题："我思故我在"。当然，不论从哪个角度上说，这个命题都不能代表笛卡儿思想的全部，甚至不是其中最有价值的部分，因为笛卡儿对西方乃至全人类思想的最大贡献在于，他提供了一种普遍科学的构想，开创了一个人类理性发展的新时代，从而改变了我们对人类自身和整个世界的看法。

笛卡儿的思想丰富而深刻，要真正理解它并不是一件容易的事。因此，在具体论述他的思想发展和理论观点之前，我们不妨对他的主要思想脉络做一大致的勾勒，这对于任何试图了解笛卡儿思想的初学者，无疑会有很大的帮助。

与主要致力于科学规划与科学研究一般规律的培根不同，笛卡儿首先是一位身体力行的科学家，他在数学、力学、光学、气象学、生理学、宇宙论等方面作出的卓越贡献，构成了科学史上有深远影响的篇章。更为可贵的是，他没有以具体的科学研究为满足，而是总结科学实践的经验，试图从更普遍的哲学层面上发现人类理性运用的根本方法和原则。他首先关心的问题是人如何获得可靠的科学知识。作为杰出的数学家和实验物理学家，他从科学研究中得出的最重要启示之一就是数学推理的严密性及其处理经验材料的精确性和可靠性。他认为人类知识的大厦就应当像数学那样，建立在从"清楚、明白"的命题出发的演绎推理之上。在这个过程中，人类通过运用理性来把握客观世界的真理：人的理性能力是无限的，人类对客观真理的把握也可以达到无限深入的程度。于是，笛卡儿十分乐观地将这种以数学为模式的认识论宣布为自己的理想，他也因此成为西方近代理性主义认识论的开创者。

当然，笛卡儿没有料到，他的认识论主张对后来的认识论发展产生了重大的影响，因为它引起了一系列与认识论有关的理论问题：人的认识的根本来源是什么，是感觉经验还是先天的自明观念？哪一种知识具有无疑的确实性和真理性，是经验的知识还是理性的知识？通过哪种方法能够获得普遍必然的科学知识，是经验的归纳方法还是理性的演绎方法？人的认识能力是不是无限的，它是否囿于一定的范围和界限？显然，所有这些问题都包含着与笛卡儿的观点对立的另一种选择，即经验主义。这场围绕认识论问题展开的争论延续了一百多年，许多重要的哲学家卷入其中，形成了一个蔚为壮观的哲学运动，后人将它称作近代西方哲学的"认识论转向"。

当然，笛卡儿的最终目的是要说明整个世界的本质存在和结构，他始终认为科学知识的获得是与形而上学的探索紧密联系的。在他看来，人类知识之树是由三部分组成的：形而上学是树根，物理学是树干，其他科学是树枝。一切科学的法则，归根结底是从形而上学的基础上推导出来的。不懂得形而上学，就不能真正弄懂其他科学。在形而上学的探讨中，他为了发现知识的可靠"地基"而运用了普遍怀疑的方法，这种怀疑是针对经院哲学和一切传统思想，并在西方宗教神学和封建势力仍然严重束缚人们思想的时代，它最鲜明地体现了笛卡儿追求真理的创新精神和大无畏气概。后来的近代思想家无不从笛卡儿的怀疑主义精神中获得思想解放的勇气。不过，笛卡儿并不是无神论者，也不是封建制度的叛逆者。他信奉天主教，主张服从现行国家的制度和法令。在他的思想中一直存在着革新与保守、反叛与顺从两种对立的倾向，这是那个时代资产阶级思想家软弱的表现。因此，他的怀疑最终是不彻底的，他为宗教信仰留下了地盘。而这一点，在他的形而上学中得到了最明显的体现。那么，他的形而上学告诉我们什么呢？首先是精神世界和物质世界的二元对立：一方面是思维的精神实体，另一方面是广延的物质实体，两者互不干涉地独立存在。这种二元对立带来了一个重大的理论问题：如果精神和物质是互相独立的，那么，对于一个人而言，难道他的灵魂和身体是互无关系的吗？如果是这样，我们如何理解同一个人的统一存在，如何理解灵魂和身体之间的相互作用？笛卡儿不得不为解决这个问题而苦思冥想，而后来的哲学家们也纷纷提出了各种各样的解决办法，至今仍对西方心灵哲学的研究有重要影响。除了精神和物质之外，在笛卡儿的形而上学中还有一个超越于两者的至上存在，这就是上帝，他是世界万物及其一切运动的主宰者和最终归宿。笛卡儿将证明上帝的存在看作形而上学的最重要任务，这使得他的形而上学带有明显的神学色彩。

总之，在笛卡儿身上，科学研究中的自由思想和创造精神，形而上学中的怀疑主义和神学诉求，现实生活中的宗教情感和因循守旧，各种因素混合在一起，构成了他在那个时代特有的复杂人格。本书将按照历史的顺序，向读者展现笛卡儿的生活经历和思想脉络，从中感受他的内心世界、思想成就和人格魅力。

第 1 章

童 年

一、家庭与时代

1596 年 3 月 31 日，笛卡儿出生在法国西部都兰（Touraine）一个名叫拉伊（La Haye）的小镇上。他一出生就很不幸，因为他从患有肺结核病的母亲那里染上了同样的疾病，经常咳嗽不止，身体非常虚弱，医生说他活不了几天。然而，医生的预言并没有实现，这个孩子的生命力是如此顽强，他居然挺过了最初的危险期活了下来。因此，他的父母给他取名"勒内"（René），意为"再生"。可是，他的母亲却没有那样幸运，十四个月后，她在又一次分娩中死去，婴儿也夭折了。

笛卡儿的祖上来自法国的波瓦图（Poitou）地区，有从事法律职业的家族背景，家族成员中许多人是皇家任命的税收官或法官。他的父亲若阿基姆·笛卡儿（Joachim Descartes）是布列塔尼（Brittany）地区法院的外省籍参事。母亲让娜·布罗沙尔（Jeanne Brochard）的祖上也是当法官者居多。笛卡儿一家在波瓦图的夏特罗（Châtellerault）建有豪宅。但由于其父若阿基姆的履任地点是布列塔尼的雷恩（Rennes），距夏特罗二百五十公里，所以他经常不在家中。笛卡儿出生时恰逢父亲远在雷恩，因此母亲不得不回到二十公里外拉伊镇的娘家，由笛卡儿的外祖母为其接生。笛卡儿的母亲留下了三个孩子，除笛卡儿外，还有分别比他大五岁和三岁的哥哥皮埃尔（Pierre）和姐姐让娜（Jeanne）。由于母亲体弱并早逝，笛卡儿由外祖母和奶妈抚养大，很少得到父亲的关心。后来父亲续弦，又生有四个子女，更无暇顾及笛卡儿。因此，笛卡儿一生都与父亲疏远，而与几位女性长辈亲近，在他去世时，仍不忘嘱咐给他的奶妈以经济帮助，说她是"他一生都牵挂的人"。

笛卡儿的家庭是很有社会地位的，但对这种地位的认识必须联系到当时法国社会的现实来理解。

笛卡儿的时代有两个特点，一个特点为法国是一个封建专制的国家。1589 年，法王亨利三世遇刺身亡，波旁家族的亨利即位，称亨利四世，开始了波旁王朝在法国的统治。波旁王朝代表了大封建贵族的利益，它将专制制度推向了巅峰，使法国成为欧洲封建势力最强大的堡垒。在封建专制制度下，当时的法国社会分为三个等级：第一等级是世袭贵族，第二等级是教会的教士，第三等级是其他人。三个等级在政治、经济、社会生活等各方面都很不平等，比如第一、二等级不但占有大量的土地，掌握各级政权和神权，而且不承担税赋。第三等级则无权无势，必须向国家纳税。第三等级涵盖了从工商业者到城市平民和农民的广大阶层。第三等级也想成为上等人，但他们升迁的可能性很不同，最有可能升迁的是从事法律、医学、神学或艺术的大学毕业生，然后依次是律师、税务官、低等法官、商人、小业主、手工匠，最无可能升迁的是无业者。升迁的最佳途径就是受教育，然后在政府或法院谋一职位。第三等级的人一旦在政府或法院得到了高级职位，他们的身份就变成了绅士或贵族，可以享受"大人"或"阁下"（Monsieur）的称呼。但这种贵族毕竟出身不够纯正，因此常常被世袭贵族瞧不起。而且法律界还有更荒唐的事情：法官的职位是可以公开买卖的，买到的法官职位既可以获得"皇家任命"的钦准，也可以通过交纳年捐而终身保留。于是，法国社会中就形成了以这种法官组成的所谓的"第四等级"，他们虽然同第一、二等级的人一样，享有不纳税的特权和贵族的称号，但他们毕竟与世袭贵族不同，他们是由于拥有大量财富而获得一定社会地位的新兴资产者。因此，他们往往有双重心态，一方面因自己已经获得较高的社会地位而沾沾自喜，另一方面又因受到高等贵族的歧视而愤愤不平。在对待社会变革的态度上，他们一方面踌躇满志，希望通过变革进一步提高自己的社会地位，另一方面又畏首畏尾，唯恐变革损害了自己的既得利益。

笛卡儿的家庭就属于这种资产阶级的新贵族阶层，他家族中的许多人都是通过这种买官的方式而成为贵族的。笛卡儿的父亲不但为自己购得了法官的职位，还为笛卡儿兄弟俩也购得了法官的职位。富裕的家境使笛卡儿从小就过着衣食无忧的生活，而且还有仆人伺候。他同当时的贵族子弟一样，喜欢骑马、舞刀弄剑，有时还赌博。也许最能预示他后来学问生涯的是，他还喜欢写作，他曾写了论击剑的文章，可惜丢失了。父母死后，他继承了大笔遗产，一生从来没有为钱发愁过。后来，笛卡儿之所以能够周游各国，并一心扑在学术研究上，这不能不说是有一个得天独厚的条件。与此形成鲜明对照的是，后来追随他思想的另一位著名理性主义者斯宾诺莎（Spinoza），却不得不靠着磨镜片为生来从事哲学研究。在宗教信仰上，笛卡儿一家是天主教的信奉者。笛卡儿出生刚三天，就在拉伊镇的圣乔治天主教堂接受了洗礼。根据天主教教规，受了洗礼的人一生注定是天主教的信仰者。虽然这一教规对于出生三天的笛卡儿的思想并没有什么约束力，但从笛卡儿后来的表白看，他似乎从来未想违背这一信仰，尽管他对经院哲学绝无好感。后面我们可以看到，笛卡儿的家庭状况和信仰背景对他一生的思想倾向都有影响。

这一时代的另一个特点为欧洲正处在全面资产阶级革命的前夜。虽然以教会和国王为代表的封建统治仍然十分强大，但资本主义的生产方式已经在封建社会内部形成和发展起来，由此形成的以工商业者为代表的新兴资产阶级和新贵族阶层逐渐壮大，他们与封建统治者和旧贵族的冲突和斗争也日益激烈和尖锐。在思想意识形态领域，14 世纪至 16 世纪的文艺复兴运动在复兴"古代文化"的旗号下大张旗鼓地反对以基督教为中心的神学文化，提倡理性，反对神性，提倡人道主义，反对禁欲主义，提倡思想自由，反对神学禁锢，形成了一场反对腐朽宗教的思想文化运动。在这场运动中，代表新兴资产阶级意识形态的文学艺术、哲学思想和社会政治观念都得到了极大的发展，尤其是遍及全欧的宗教改革运动给封建专制的精神支柱——欧洲教会以沉重的打击，各种与正统教会分庭抗礼的"新教"派别蜂拥而起。文艺复兴的余波未平，另一场由新兴资产阶级领导的思想解放运动又接踵而至，这就是17世纪初从英国开始，18世纪以法国为高潮的欧洲启蒙运动。它以提倡理性、人权和自由为宗旨，反对宗教蒙昧和封建专制。这场运动声势浩大，其规模远远超过了文艺复兴，它的最主要特点是公开提出了资产阶级的思想政治主张，并直接通过社会变革的方式付诸实施，它的最终结果是资产阶级夺取政权和资本主义制度在欧洲的确立。笛卡儿生活的年代正值文艺复兴接近尾声，启蒙运动酝酿兴起，他的思想顺应了历史发展的潮流，使他成为欧洲近代早期最有影响的启蒙主义者。

此外，这一时期自然科学的发展也成为启蒙主义者反对宗教神学和封建桎梏的强大武器。因为自然科学离不开人类理性的自由运用，自然科学的每一次胜利都是人类理性的胜利，都是思想解放的结果。自然科学在本性上是与任何僵化、保守和迷信的思想形态相反的。因此，自然科学的成果不但为启蒙主义者提供了必要的思想资料，而且也成为他们弘扬人类理性，探讨世界奥秘，发展科学知识的强大推动力。在自然科学的各项成果中，最有震撼力的无疑是天文学中关于太阳系结构的大发现。1543年，波兰天文学家哥白尼发表了《天体运行论》一书，提出了地球等行星围绕太阳旋转的日心说，将统治天文学一千多年的托勒密的地心说一举推翻，掀起了一场天文学革命。后来，经过伽利略、布拉赫、开普勒对哥白尼学说的修正和完善，日心说成为近代天文学的最重大成就。从此以后，自然科学基本摆脱了宗教神学的束缚，开始了大踏步的前进。当笛卡儿开始其学术生涯的时候，他身边涌动的是自然科学蓬勃发展的汹涌浪潮，各种科学发现和科学理论不断被提出，显微镜和望远镜等关键科学仪器被发明。在科学普遍发展的同时，各学科之间的综合也初露端倪，这尤其表现在数学的广泛应用上，数学以其严密性和精确性，成为科学发现和科学论证的有力工具。笛卡儿生活在这样一个充满科学活力的时代，他心中充满了对科学的无限憧憬，追求科学知识，发现科学的基础，成为他一生奋斗的使命。

二、"我自幼是用书培养起来的"

在法国的新资产阶级贵族家庭中，读书受教育，走仕途之路，最后成为社会上层的贵族，几乎是所有家长为子女规定的人生轨迹。因此毫不奇怪，笛卡儿的家族十分重视对子女的文化教育，笛卡儿说："我自幼是用书培养起来的。"当然，他的家族希望他同前辈一样，从事法律职业。于是，笛卡儿11岁时，作为寄宿生，被送到离家一百公里的安茹省（Anjou）拉弗莱舍小镇（La Flèche）上的耶稣会学院学习。

这所学院颇有名气，是应法王亨利四世的要求由耶稣会建立的。耶稣会是天主教的主要修会之一，1534年由西班牙人伊纳爵·罗耀拉（Ignacio de Loyola）创办于巴黎，经常以办学、布道、担任王公贵族的"神师"（修行指导师）的方式活动，维护宗教正统，对抗宗教改革运动。1589 年耶稣会士刺死亨利三世，于是耶稣会士被法国驱逐。亨利四世原是新教徒，但为了获得天主教会对他继承王位的承认，不得不皈依天主教。继位后，亨利四世力图调和各教派矛盾，一方面颁布"南特敕令"对新教徒实行宽容，另一方面允许耶稣会士返回法国。耶稣会擅长办教育，无任何其他派别可比，拉弗莱舍的耶稣会学院是其中最成功的一所，许多贵族都把自己的子弟送到这所学院学习。值得一提的是，一百多年后，大名鼎鼎的英国哲学家休谟（Hume）也来到这所学院学习。学院始立，经费完全由亨利四世提供，学生不需交纳学费，因此这所学校也被称作"亨利四世国王学院"。亨利四世还立愿，他与皇后死后将心脏葬于学院教堂内。后来，亨利四世于 1610 年遇刺身亡，遵其所愿，他的心脏被运回拉弗莱舍下葬，据说笛卡儿作为优秀学生代表参加了下葬仪式。

笛卡儿入学时该校约有一千五百名学生，其中三百名是寄宿生。学校的管理严格，学生早晨五点就要起床，晚上十点才能就寝，除了就餐和不到一小时的娱乐时间外，都是上课或自习。笛卡儿因体弱，经校长沙莱（Charlet）特许可以不用早起。学生不按年龄分班，而是按学生的实际水平分班。因此，刚入学者可能进高级班，进步慢的学生可能留在原来的班级几年不动。前六年学基础课，主要是语言和修辞学，包括语法和拉丁文、希腊文写作，用古典语言阅读和创作诗歌等。随后三年学哲学，其中第一年是逻辑，第二年是物理学和数学，第三年是形而上学。最后四年是神学。

笛卡儿是学院中学习最刻苦、成绩最优秀的学生之一。他从不以学校讲授的课程为满足，而是尽力学习一切能学到的知识，甚至将有关炼金术、占星术等旁门左道的书籍都读了。从1607年年初到1615年9月，笛卡儿学完了基础课和哲学课的全部课程后离开了学校，没有继续学习神学，因为他的家人希望他成为一个律师而不是神学家。根据家族的这个愿望，笛卡儿随后去普瓦捷大学（University of Poitiers）学习法律，一年后，获学士学位，经过公开答辩后，他获得了民法和教会法从业资格。也就是说，这时的笛卡儿已经可以依其家族所愿从事法律职业了。

但笛卡儿是怎么想的呢？他面临人生道路上的重大选择：当一名律师或法官吗？这不是他的所好；追求他所热爱的知识吗，又该从哪里入手呢？笛卡儿认真回想了他所学到的知识，对它们一一作出了评价。他认为，学好古典语言（希腊语、拉丁语）是十分必要的，因为它为阅读古典文献打开了大门。古典文献中记载着人类有史以来的伟大文明与智慧：不论是寓言中的聪明机智，还是英雄传记中的丰功伟业，都会使我们的心灵得到陶冶和激励，使我们的判断更加健全。读古人的圣贤书，就好像同他们直接交谈，使我们能够领略到他们最精深的思想。前人的雄辩豪放无比，前人的诗词委婉动人，这些都给人带来心灵的愉悦和享受。数学充满了奥秘，可以满足人们的好奇心；道德学说可以劝人敦品励行，避恶趋善；神学为人指明升往天堂之路；哲学可以使人高谈阔论，博得人们的喝彩；法学和医学可以给人带来无尽的名誉和财富。总之，这些学问各有高尚的用处，再华美的赞誉也不为过。

然而，这就是人类知识的全部情况吗？不是，显然不是！如果人类知识仅仅如此，那么，学得这些知识，就应该成为无所不知、最有智慧的人。可是，事实却与此相反。笛卡儿在描述他离开学院时的心情说道："人们曾使我相信，通过读书可以得到一切对人生有用且明白可靠的知识，所以我如饥似渴地追求教海。可是，当我完成了全部学业，如通常一样被认为是一个博学之人的时候，我的观点却完全改变了。因为我发现自己陷入了重重疑惑和错误之中，我无论怎样努力开导自己也没有用，只是越来越发现自己的无知。"

于是，他开始以批判的眼光从另一方面严厉审视各门知识的缺陷。他认为，熟读古代经典和历史传记，固然可以扩大人的视野，增加人的知识，但并不能代替对现实生活的研究。即使最忠于史实的典籍，也无法尽显历史的原貌，因此，如果过分沉溺于古代典籍，事事总以史书为据，就会使人脱离现实，想入非非，产生各种不切实际的幻想。雄辩和诗歌固然可爱，但它们只是文采的表现，而不是研究的成果。一个人即使没有受过修辞学的训练，只要他能够进行严密的推理，能把自己的思想明白表达出来，同样可以使别人信服。如果一个人在胸中形成了巧妙的构思，又善于用华美的辞藻来表现它，那么，即使他没有学过诗法，他也一样能够成为伟大的诗人。数学以其推理的明白和准确而令人喜爱，可是它的用途却不甚明了，因为除了对机械技术有所帮助外，似乎没有人把它当作知识大厦的基础。物理学仍然是建立在亚里士多德的陈旧概念上的，早已不能适应新的科学发现和说明复杂的自然现象。古代的道德说教尽管头头是道、貌似合理，实际上也没有可靠的基础，甚至不能告诉我们真正的道德是什么。神学的情况也令人失望，因为它告诉我们天启的真理不是我们凡夫俗子所能理解的，我们是否能学到这门学问，只能靠听天由命。而且，正统神学总是反对"新"观点和"新"学说的，生怕任何一点改变都会动摇神学的基础，这样的神学如何能促进人类的知识呢？至于哲学，情况也好不到哪里去。尽管这是一门由最智慧的人研究的学问，但千百年来一直争论不断，从来没有得出任何确凿的结论。如果哲学尚且如此，那么，其他一切以哲学为根据的学问除了沽名钓誉、装腔作势之外，还有什么可取之处吗？犀利的言词、尖锐的苛责，笛卡儿对传统思想的评价充满了强烈的批判精神和战斗活力，他要将经院教育灌输给他的知识准则统统抛到阴沟里去，因为它们对于人类知识一文不值。在这个瘦弱多病的年轻人身上，可以感受到一种与他的外部形象极不相称的坚定力量。

虽然知识的状况令人沮丧，但笛卡儿也从中看到了自己前进的方向，那就是走出书斋，接触社会，到"世界这本大书"里去寻找学问。他认为，与读书人相比，普通人的推理往往更切合实际，包含更多的真理，而读书人只根据书本上的道理进行推理，往往推理越精妙，离事实和常识越远。于是，他决定首先要开阔自己的眼界，到各地去游历，访问各国的宫廷和军队，与身份不同的人交往，积累各方面的经验，在各种复杂的局面中锻炼自己，增长才干和识别真假的能力。他相信，只有经过这样的过程才能找到获得真正知识的途径，由此取得的成就要比足不出户、刻板读书大得多。于是，当笛卡儿完成了自己的学业，他做出了一个违背家族愿望的重大决定：放弃法律职业，到世界这个大舞台上去游历。当然，他的目的是为了亲眼观察周围的世界，而不是为了在纷繁的世事中谋取个人的利禄。所以他说：在这个世界上，他要当一名观众，而不是一个演员。

第2章

"读世界这本大书"

一、从军布雷达

世界如此之大，应当走向何方呢？笛卡儿的出游必须具备两个条件，一个是有充足财力的支持，因为在外游历是十分费钱的事情；另一个是游历路线的恰当选择，既要达到游历的目的，还要考虑路线的可行和安全。第一个条件不是问题，笛卡儿的家境足以为他提供出游的一切费用，而且还可以带一个男仆随行。第二个条件稍费思忖，最终他打算经荷兰、德国、丹麦到波兰、匈牙利和波希尼亚（捷克）等中欧国家去。他的动机之一是出于寻求科学知识方面的考虑，因为中欧是当时许多重要科学成果的诞生地，大名鼎鼎的科学家哥白尼、开普勒和开普勒的老师布拉赫（Brahe）都曾在那里工作。尤其是布拉格，那里的当权者支持科学研究，学术气氛十分浓厚。

不过，笛卡儿选择的出游方式在现代人看来多少有点匪夷所思，那就是先到荷兰从军。实际上，在当时的法国，贵族子弟从军是一种时尚，即通过当绅士军人来提高自己的社会地位。当然，笛卡儿从军并不是为了什么社会地位，而是为了增长自己的社会阅历，同时又达到游历世界的目的。

为什么要到荷兰从军而不是其他地方呢？这一方面因为笛卡儿的目的地是中欧，经荷兰北上可以避开当时德国动荡的政治局面，另一方面，也因为当时荷兰与法国有比较亲密的关系。

这里，不得不说一下当时荷兰的情况。16世纪宗教改革运动之前，现在的比利时、卢森堡、荷兰及法国东北部一些地区史称尼德兰，在西班牙的统治之下，是由十七个省组成的松散联邦。宗教改革运动中，莱茵河与马斯河北部诸省逐渐倾向于新教派别的加尔文教。16世纪70年代，西班牙试图将天主教定为官方国教，遭到北部各省的激烈反对。1579年，北部的荷兰省、乌得勒支省、泽兰省成立了乌得勒支同盟，后来上艾瑟尔省、海尔德兰省、格罗宁根省、弗里斯兰省也加入。1581年，成立七省联合的联省共和国，摆脱了西班牙的殖民统治，取得了资产阶级革命的胜利。因联省共和国中以荷兰为首，所以亦称荷兰共和国。此时南方各省仍效忠于西班牙，以法语为官方语言，以天主教为官方宗教。按说法国应与尼德兰南方诸省更亲近，在西班牙与尼德兰的战争中应站在南方诸省一边，但由于法国与西班牙为争夺霸权矛盾很深，所以法国反倒支持联省共和国，反对效忠西班牙的南方诸省。

笛卡儿从军正是要加入与法国关系密切的联省军队。1618年年初，笛卡儿踏上了他第一次出国的旅程。5 月，他到达了联省南部的布雷达（Breda），在联省执政官拿骚的毛里茨（Maurits of Nassau）的军队里当了一名侍从军官。布雷达是联省与尼德兰南方诸省交界处的一座要塞，战略地位重要。但根据 1609 年西班牙与联省签订的《十二年休战协定》（1609～1621），尼德兰南北双方正处于休战期，边境地区一片和平景象。于是，虽然笛卡儿身着戎装，却无仗可打。当然，笛卡儿从军本来就不是为了打仗而来，更恰当地说，他只不过是一个外国人来体验军营生活，而且为了方便，他的生活费用自理，也不需要服从严格的军纪。他除了旁听附近军事学院的课程外，其余时间几乎完全可以自由支配。笛卡儿后来告诉友人说："当年我在布雷达时悠闲极了。"虽然悠闲的军营生活并没有销蚀笛卡儿追求知识的欲望，但与那些无知的士兵又有什么可谈的呢？正当笛卡儿为生活的无聊而苦闷的时候，他偶然遇见了数学家、医学博士伊萨克·贝克曼（Isaac Beeckman）。这次偶遇颇有戏剧性，它改变了笛卡儿的生活。

　　贝克曼比笛卡儿大七岁，是荷兰米德尔堡（Middelburg）人，毕业于莱登大学（University of Leiden），在诺曼底的卡昂大学（University of Caen）获医学博士学位，对数学、物理学都有造诣。1618 年 11 月 10 日，笛卡儿在布雷达的街上闲逛，发现一群人在观看一张布告，布告是用荷兰文写的，征求对一道数学题的答案。笛卡儿的荷兰文尚不熟练，于是问身边的一个人是否能用拉丁文或法文说一说布告的内容，这个人愿意用拉丁文解释布告的内容，但要求笛卡儿作出解答，笛卡儿满口答应。于是，这个人在一张纸条上写下了自己的姓名和住址，交给笛卡儿，要他在解出这道题后去找他。笛卡儿从字条上得知，这个人的名字叫"伊萨克·贝克曼"。

这道题是关于证明两相交直线之间无夹角的。笛卡儿的证明如下：设 AB，CB 两直线相交之点成一角 ABC。但若用直线 DE 分隔 ABC，那么交点同样被分为两部分。但这是不可能的，因为根据定义，点是无大小的，不能被分隔。所以，在原两条直线相交处没有点，因而也没有真正的角。尽管贝克曼认为笛卡儿的证明是错误的，但两人对知识的共同追求使他们很快成了朋友。随后几个月中，两人广泛讨论了许多共同感兴趣的问题，这些问题涉及数学、力学、声学等各个方面。两人发现，他们对数学有一个与其他人不同的看法，其他人仅仅将数学看成是锻炼思维的游戏，而他们认为数学应当同物理学结合起来，用于解决实际问题。这个共同看法更使他们如遇知音，相见恨晚。

对于笛卡儿而言，如果说与贝克曼的结识和讨论直接引出了什么重要的科学发现，那是言过其实，但有两个作用是不可否认的。一个作用是使笛卡儿更加坚定了将数学与现实科学结合起来的想法，这与他后来发明解析几何及在光学等方面的突出贡献有密切关系；另一个作用是贝克曼将笛卡儿从无所事事的军营生活中唤醒，使他重新投入到对知识的热烈追求中去。为此，笛卡儿多次向贝克曼表达了崇敬和感激之情，他把贝克曼称作自己的启发者和精神之父，说正是贝克曼将他重新指引到科学研究的崇高事业上。他甚至真诚地表示，如果他的科学研究能有任何价值的话，贝克曼都可以将其"据为己有"。他对两人的友情充满了美好的憧憬，他在给贝克曼的信中说，"我们之间的友谊将永世长存"。不过，这时两人谁也没有想到，十年后，这段美好的友情却以一个尴尬的局面告终了。

事情起因于笛卡儿与贝克曼初相识时写的一篇文章《音乐简论》（*Musicae compendium*）的手稿。这篇文章用拉丁文写成，是笛卡儿的第一篇著作。它的主要内容是论述音符与音程之间关系的，这并不是一个新的论题，但笛卡儿的观点有些新意。他认为，音乐的目的"是使我们愉快，激发我们的各种情感"，因此，物理学家对声音的解释与演奏家演奏美妙的乐曲不是一回事。笛卡儿试图通过对音乐的分析帮助音乐家创作能激起不同情感的旋律，并以此证明，一个人的音乐技巧是依这个人的数学才能而定的。应该说，笛卡儿写这篇文章或多或少得益于他同贝克曼的讨论，因此，笛卡儿于 1619 年的除夕将文章手稿送给了贝克曼，并随信写道："我希望我的这个思想成果，尽管非常不完善，却正像一只初生的小熊，交到您的手上，作为我们友谊的证明，作为我的情感的最可靠象征，而它永远在您的研究的庇护之下……因为它是这样一个人专门为您而写的，他虽然身在一群无知的士兵之中，舒适而悠闲，但他所关心的思想和活动却是完全不同的。"

十年后，1629 年，笛卡儿的朋友梅森神父路过米德尔堡见到了贝克曼，两人讨论了音乐和谐问题。后来，贝克曼在给梅森的信中谈到他与笛卡儿十年前的讨论及笛卡儿将《音乐简论》寄给他一事，并将其中一些段落转抄给梅森。梅森马上将与贝克曼通信的事告诉了笛卡儿，笛卡儿闻讯大为生气，认为这是对自己的无理伤害。同年 12 月，笛卡儿向贝克曼要回了《音乐简论》的原稿，后来给贝克曼写信说明他的愤怒：我要回原稿，并不是我需要它，而是因为我得知，你谈到它时，好像其中的东西是我从你那里学来的。他指责贝克曼是自我吹嘘而不顾友谊与事实。他警告贝克曼：如果你自以为教会别人什么东西，即使你说的是真的，这一做法也令人讨厌；如果你说的不是那么回事，那就更令人讨厌；而如果恰恰相反，这件东西是你从这个人那里学到的，那就令人讨厌得无以复加了。此后，尽管贝克曼曾试图对这件事作出解释，两人的友谊最终也没能恢复。笛卡儿为何会因一件小事与"恩人"贝克曼大动肝火，似乎找不到合理的解释，也许是误会，也许是性格使然。但鉴于后来笛卡儿与友人和支持者之间曾多次发生类似的事情，似乎可以认为他在如何处理人际关系和学术关系上确实存在缺陷。当然，对于笛卡儿这样的思想家，这一缺陷只能以瑕不掩瑜来看待了。

不论怎样，与贝克曼的相识成为笛卡儿学术生涯的一个转折点。1619 年年初与贝克曼分手后，笛卡儿仍然待在军营，但曾经的无聊和苦闷，这时已经被钻研知识的热情所取代。除了学习荷兰语和军事工程学外，他将主要精力放在数学的应用研究上。他逐渐得出了这样一个想法，即在数学的基础上建立一门普遍的科学。他设想，根据这门科学，关于任何的量，不论是连续量还是分离量，所能提出的一切问题，都可以根据其本性用一个普遍的方法来解决。比如，在代数中，有些问题可以用有理数来解决，有些问题只能用无理数来解决，有些问题可以被想象，但不能被解决。同样，在连续量方面，有些问题可以只用直线或圆来解决，有些问题只能用别的曲线来解决，而且同样符合几何学的原理。还有一些问题只能用互不相关的单独运动画出的曲线来解决，这样的曲线实际上只是想象的，如所谓的割圆曲线。笛卡儿希望通过恰当的过程来证明，哪些问题可以用哪些方法来解决，或根本不能解决。他承认，这是一项没有尽头的工作，非一个人所能承担。但他对完成这项工作的前景充满信心，他说："我已经透过这门科学的重重迷雾，看到了某种曙光，我认为我能借这曙光驱散最浓厚的乌云。"

二、"奥林匹亚之梦"

按照笛卡儿的出游计划，布雷达当然不是久留之地。1619年年初，笛卡儿决定继续北上，打算先到丹麦，然后经波兰和匈牙利到德国。4月29日，笛卡儿乘船前往哥本哈根，然后横穿德国，于同年7月，加入了巴伐利亚公爵马克西米连（Maximilian）的天主教军队。这时的德国正处于新教同盟与天主教联盟的战争（史称"三十年战争"）之中。本来，笛卡儿也想领教一下战争的滋味，可是，事与愿违，很快到来的冬季使战事趋于平息。11月，部队驻扎在多瑙河北岸乌尔姆附近的一个小村子里。笛卡儿又同在布雷达一样，过上了一段悠闲的军营生活。不过，这一次笛卡儿没有再为如何消磨时间而苦恼，而是在一间温暖的农家小屋里，每日思考他所关心的科学基础问题。

11 月 10 日是圣马丁节前夜，按照习俗，人们要喝酒，庆祝丰收和冬季的到来。但笛卡儿没有喝酒，而是沉浸在苦思冥想之中。突然，他感到一阵难以抑制的兴奋，因为他终于发现了一门新的科学，找到了通向一切科学基础的道路。日有所思，夜有所梦。这一夜，笛卡儿在兴奋过后的疲倦中昏昏入睡，他一连做了三个梦。在第一个梦中，他梦见自己在路上行走，遇到几个幽灵，吓得够呛，被迫向左前行。一阵狂风卷来，使他一连转了三四个圈。然后，他看到一所学院的大门在他面前打开，他躲进去避风。他本打算到学院的教堂去祷告，当他顶风前进时，看到院子里有一个认识他的人，热情地呼唤他的名字。这个人告诉笛卡儿有人给他一件东西，这东西看上去像是从国外进口的甜瓜。虽然他被狂风吹得踉踉跄跄，最终倒地，但同他说话的几个人却站得笔直，风暴对他们不起任何作用。这时笛卡儿醒了。他认为这些梦境都是某个恶魔所为，企图欺骗他。过了一会儿，笛卡儿又睡着了。他在梦中听到像雷一样的轰鸣声，将他惊醒过来。这时，他看见火炉里的火星四溅，满屋都是。他记得以前曾有过这样的经历，觉得没有什么可奇怪的，于是又睡着了。第三个梦与前两个梦不同，温馨而甜蜜。他梦见桌上有一本打开的书，不知谁放在那里，仔细一看，是一本词典。同时，他看到手里还有另一本书，但不熟悉，也不知来自何处。仔细一看，原来是一本《古代拉丁诗选集》。他随便翻看，一行字落入眼中："我的人生之路将向哪里走?"这时，有个陌生人让他看一首诗，开头的一句是："是与否"。笛卡儿告诉陌生人，他知道这是拉丁诗人奥斯尼乌斯（Ausonius）的一首诗的头一句，这首诗就在那本诗集中。笛卡儿正要翻看那本诗集时，书却不见了。不过他告诉那个陌生人，他知道同一作者的另一首诗，头一句也是："我的人生之路将向哪里走?"但与他所熟悉的那个版本不同。这时，陌生人消失了。笛卡儿梦醒了。

笛卡儿的三个梦如何解释？笛卡儿认为这些梦是上天所托，印证了他对科学的思考。按他自己的解释，第一个梦里的"甜瓜"暗示着"孤独"的魅力；狂风暗示着恶魔要把他推向他本来想去的地方，而上帝不允许他被带往上帝未允许去的地方。第二个梦里的打雷暗示着真理之灵已经降临于笛卡儿的身体之上。第三个梦里的词典代表着一切科学的综合，诗集意味着富于想象的表达往往比哲学家的理性更合理、更巧妙。"我的人生之路将向哪里走?"则意味着他面临人生道路的选择。后来，有人就笛卡儿的梦请教大名鼎鼎的精神分析大师弗洛伊德（Freud），他是传世之作《梦的解析》一书的作者。这位大师说：根据解梦规则，做梦者自己的解释应当得到尊重。同时他又从他的著名的性本能学说出发，认为第一个梦表现了对于违背自己坚持的性道德规则的深深忧虑，很可能带有同性恋的意味。第三个梦可以理解为对一般意义上如何度过人生问题的无意识的关注。

笛卡儿的梦多么神奇！不过，笛卡儿是否真的做过这些梦？有据可查吗？答案是肯定的。因为这些梦及其解释是笛卡儿在一个十二页的羊皮小本上写下的，上面还包括其他一些札记。这个小本中记载的日期始于 1619 年 1 月，此后，笛卡儿一直随身携带，从未离开，直至逝世。人们在他的遗物中发现了这个小本，但未将其刊印出来。后来，有的传记作家在写笛卡儿生平时用过小本上的材料。1675 年，著名的德国哲学家莱布尼茨（Leibnitz）看到了这个小本，对它进行了认真的研究，并做了摘录。后来，不知为何，这个小本丢失了，一直未找到。于是，传记作家的论述和莱布尼茨的摘录就成了证明这个小本的存在及其内容的唯一证据。不过，一般认为，这些证据是可信的。因为笛卡儿关于梦的记述是放在"奥林匹亚"（Olympia）题目之下的，所以，人们称这些梦为笛卡儿的"奥林匹亚之梦"。

笛卡儿说，他是在经过苦思冥想发现了科学的基础之后，由于极度兴奋才做了那些梦。于是，他的梦就成为他的思想发生重大变化的一个标志。那么，在那个冬日的晚上，笛卡儿到底发现了什么？笛卡儿在后来写的《谈谈方法》一书中对此作了详尽的描述。他首先比较了用两种不同方式获得的学问。一种是通过对以往的知识修修补补，大家拼凑而成的学问；另一种是首先清除一切靠不住的陈旧意见，然后从头做起，通过充分运用自己的理性而获得的学问。他认为用后一种方式得到的学问远比前一种方式更接近真理。前一种方式就好像是对原来的残垣断壁修修补补而建成的房屋，或者是由小村落逐渐扩张发展起来的城市，总不如由一位建筑师一手建成的房屋，或由一位工程师整体设计的城市那样精美、完善和壮观。笛卡儿审视自己从书本上得来的那些意见和原则，发现它们充满了各种疑问和歧见，根本不是什么确实的知识，如果我们要在这些意见和原则的基础上建立知识的大厦，那就像对破屋修修补补，或将小村落扩展成城市一样，无法达到完美的程度。那么该怎么办呢？就应该像那位建筑师和工程师一样，重打锣鼓另开张，建设一个全新的知识体系。但要做到这一点，必须有一个恰当的方法，在这里方法是最重要的。笛卡儿在"奥林匹亚之梦"发生之前的苦思冥想，就是要寻找这样的方法。这一寻找必须十分小心谨慎，他把自己描述成在黑暗中前进的人，先要把每一样东西都仔细摸索一下，然后才缓缓迈步，尽管速度不快，却保证不会摔倒。终于，他发现了这样的方法，并将其归结为四条：

第一条 凡是我没有清楚认识到是真的东西，决不把它当作真的东西接受下来。也就是说，要避免轻率判断和先入之见，在判断中只接受清楚、明白呈现于我的心灵，我没有丝毫怀疑的东西。

第二条 将我考察的每一个难题，都根据必要和可能，分为许多部分，以便能最恰当地将它们一一解决。

第三条 按照恰当的顺序进行思考，即首先从最简单、最容易理解的对象开始，以便一点一点地、逐步地上升到对最复杂东西的认识；对于不按照自然顺序的东西，也假定它们有一个顺序，即使这个顺序是虚构的。

第四条 无论在任何情况下，都要做全面的检查和普遍的复查，以确保无任何事情遗漏。

这四条方法就是在那个冬日之夜使笛卡儿陷入狂热的重大"发现"，就是他所说的上天所赐之梦的缘由。原来，笛卡儿所发现的科学的基础，不是指某个现成的学说，而是指从事科学研究的方法。在他看来，只有运用正确的方法，才能获得真正的科学知识。如果我们用现在哲学的术语概括这四条方法的基本特征，那就是"理性主义的分析方法"。也就是说，这些方法强调的是一种理性主义的证明程序：首先对事物进行分析，分析到它最基本的组成部分，这些基本的组成部分必定是最简单的，然后从对这些部分的思考和研究开始，逐步上升到对复杂整体事物的认识；从简单到复杂的认识过程必须运用严格的推理，结论的正确是由前提的清楚明白和推理的严格准确来保证的。笛卡儿的方法主要是受数学方法的启发而来的。他承认，数学家用一连串严格的推理来证明复杂的命题，这使他想到，人的认识也可以照此办理，从最明白的东西开始，通过严格的推理，达到对一切东西的认识。他进而认为，数学方法的这种广泛运用能够最大限度地发挥人类的理性能力，是人类理性能力的最重要体现。总之，笛卡儿从认识论的角度提出了一个系统的方法论要求，一个认识方法的完整体系，这是对哲学的一个重大贡献，它不但为后来的理性主义者斯宾诺莎、莱布尼茨等人所继承，推进了理性主义的认识论学说，而且对后来自然科学中的数学化思想也有很大影响。

三、巴黎生活

自从"奥林匹亚之梦"后，笛卡儿一面进行他的科学思考，一面继续他的周游计划，先后随军队到过布拉格和匈牙利，参加过几次战斗。1621 年 7 月，笛卡儿决定离开军队回国，次年 2 月，回到法国雷恩，住父亲家中。

经过几年的军旅锻炼和游历，笛卡儿已经摆脱了初出校门时的稚气。虽然他的身材不高，也不强壮，但在他身上已经看不到昔日的病弱之态，炯炯有神的目光，高挺的鼻梁，唇上的两小撇胡须，流行的披肩发式，使他平添了几分军人的英武。有一件事似乎可以表现他的这一方面。他回国时乘船过易北河。他与男仆在船舱内用法语交谈，水手们误以为他们是外国商人，于是起了歹意，谋划抢劫两人的财物，然后将他们扔下河去。可是，水手不知笛卡儿懂得他们的语言，早已知道了他们的图谋。正当水手们准备动手时，笛卡儿猛然跳起，抽出佩剑，用他们的语言大声断喝，威胁要把他们全都杀死。这些水手顿时吓作一团，乞求饶命。

从 1622 年至 1628 年年末，笛卡儿主要在巴黎度过。这期间，他于 1623 年为料理一位亲属的后事去了意大利。这是笛卡儿第一次访问这个充满古典浪漫的国家，可以想见，他随后所做的就是将这次处理家事之旅变成了一次真正的漫游。笛卡儿在意大利一待就是二十个月，这期间他到过威尼斯、佛罗伦萨、罗马等地，还专程去洛雷托圣母院朝圣，这是他在乌尔姆附近那个村子里许过的愿。据说他还打算访问伽利略，但未能实现。

巴黎是当时欧洲最繁华的城市。要说笛卡儿这位富家子弟从不出入上流社会的社交场合，实属不可信。但要说笛卡儿终日沉溺于灯红酒绿，那也决非实情。因为在笛卡儿心中，追求科学知识，实现知识理想，始终是他最大的心愿。为了能安静地思考和研究，他从繁华的闹市搬到一处无人知道的僻静住所。一天早晨，他的一个朋友几经打听，才通过他的仆人找到他的住处。当他的朋友从门锁的小孔向屋里望去，里面的景象使他不忍打扰，悄然离去。原来，笛卡儿正坐在床上写作。他喜欢早晨恋床，在床上写作是他的习惯！虽然笛卡儿有丰厚的收入，身边有仆人侍候，但他似乎只把这些当作能使自己全心投入科学研究的便利条件。他的朋友描述说，他的生活极其简单，家中的陈设简约而普通，没有任何虚饰和张扬；他的衣着也是通常样式，只不过佩戴着绶带、剑等饰物，因为那是贵族身份的标志，不能没有。

不过，巴黎的社交生活对笛卡儿也并非一无所获，有两件事就是证明。一件事是他参加了一次有教会要人和众多学者出席的学术沙龙，当场他以严密的推理和雄辩的口才将演讲者驳得体无完肤，因而使笛卡儿在学术界声名鹊起。另一件事是他广泛结识了学术界的朋友，尤其是发展了与梅森的友谊。

第一件事发生在 1628 年 11 月。在一次学术沙龙上，一位名叫尚杜（Chandoux）的人发表了关于"新哲学"的演讲，声称科学不可能获得绝对确实的知识，只能建立在或然性的基础上。当众人对演讲者的观点和口才大加赞赏时，笛卡儿却报以轻蔑。在众人的固请之下，笛卡儿即席发言。他首先指出演讲者的观点毫无根据，其论证完全是似是而非的，只能使人感到心理的满足，而不能提供任何真理。随后，为了说明人心是如何被似是而非的推理所欺骗的，笛卡儿做了一番演示：他先让听众提出一个看上去确凿无误的"真理"，然后，他运用十二种貌似合理的论据将这个"真理"驳得体无完肤；接着，他又让听众提出一个明显荒谬的命题，他又用另外十二种论据将这个命题证明得似乎有理。最后，笛卡儿不失时机地指出，绝对确实的知识基础是完全可以达到的，而且他已经掌握了建立这一基础的方法。

笛卡儿在巴黎结识的学者虽多，但对他影响最大的是我们前面已多次提到的梅森。马林·梅森（Marin Mersenne 1588～1648）也曾就读于拉弗莱舍耶稣会学院，他比笛卡儿年长七岁，是笛卡儿的学长，但两人在学校时并不相识。毕业后，梅森成为基督教方济各修会的一个分支"最小教派"的神父，这个教派因主张将基督教教理压缩到最小程度而得名。梅森曾在纳维尔市教过神学和哲学，精通数学，写过许多学术著作。他与欧洲学术界有广泛的联系，几乎与当时每一位重要学者都有书信往来，三十多年中，他成为欧洲学者进行学术交流的一个中枢和纽带。在巴黎，笛卡儿与梅森相识，并很快成为朋友，笛卡儿将梅森看作精神导师，但与贝克曼不同，两人一生保持了亲密的友谊。后面我们可以看到，笛卡儿与学术界的联系主要是在梅森的帮助下实现的。可以说，如果没有梅森的帮助，笛卡儿的学术生涯将会冷清寂寞得多。

四、《指导心灵探寻真理的规则》

当笛卡儿在那个令他光彩四射的沙龙上宣布已经掌握了获得确实知识的方法时，他关于这个方法还没有发表。不过，这时，他确实已经开始写关于方法的书了，这就是他未能最终完成的第一部哲学著作《指导心灵探寻真理的规则》（*Rules for Guiding the Mind in Searching for the Truth*）。

这部著作只是笛卡儿在巴黎时期的一系列学术作品之一。巴黎的生活虽然繁忙，笛卡儿的学术研究却从未停止。他不断地思索，不断地写作，但却没有任何东西发表，而且往往一项研究尚未完成，新的研究又开始了。这是因为他发现，当他对一个问题进行研究时，随着研究的深入，会获得许多新的知识，而原来的计划已经不能容纳这些新的知识，因此他不得不制订新的研究计划，开始新的研究。按他所说，就好像一个人建一幢自己居住的房子，而后他又发了财，成了富人，原来建的房子对他来说显得太小气了，需要重新建造适合他身份的房子，而这样做是完全合理的，任何人都不会对此责备。实际上，对于一个刚刚开始从事学术研究，知识面尚不开阔，还不能形成系统思想的青年人来说，这种情况是很常见的。笛卡儿的可贵在于，他没有为一次一次的改变计划而气馁，而是像一位登山勇士，在一次一次的尝试中，不断地向更高的山峰攀登。由此造成的结果是，在这一时期，笛卡儿留下了许多没有完成的作品，包括对几何学的初步研究，关于磨制透镜的理论和实践的研究等。而其中最有哲学价值的著作就是用拉丁文写成的《指导心灵探寻真理的规则》。这里所说的"规则"就是指科学研究的方法，这部著作实际上是笛卡儿对他早先在"奥林匹亚之梦"期间形成的思想的具体化。

该书原计划分三部分，每一部分包括十二条规则。第一部分阐述适用于解决一切问题的基本原理，第二部分讨论已经得到充分了解但尚不知如何解决的问题，第三部分讨论尚不能完全理解的其他问题。笛卡儿写完了第一部分，第二部分写了第十三条至第二十一条规则，其中第十九、二十、二十一条规则只有条目没有论述。第三部分只字未写。第一部分与笛卡儿"奥林匹亚之梦"时思考的问题最为密切，由此可见，笛卡儿是打算先将他考虑比较成熟的普遍性问题写出来，然后向具体问题推广，而当他这样做时才发现，要将他关于普遍科学的设想应用到具体的问题上，是多么的困难，以致他不得不选择了放弃。不过，这并不意味着笛卡儿对普遍科学的设想本身丧失了信心，他对自己早年的这一思想成果是十分珍惜的，这也就是为什么他直至去世一直将这份未完成的手稿带在身边。这部未竟书稿是笛卡儿逝世后的 1701 年发表的。

从内容上看，《指导心灵探寻真理的规则》的重要意义在于，它阐述和确定了笛卡儿后来坚持的许多原则。至少我们可以指出以下几点：

（1）世界上的事物是互相联系的，因此研究各类事物的科学也是互相联系的，因为它们都是人类理智活动的产物，不应将它们互相割裂开来，这样才能真正发现事物的真理。这里，笛卡儿重申了他的普遍科学的理想。

（2）要寻求真理必须要有恰当的方法。直观和演绎是获得科学知识的最可靠方法。在科学研究中，要排除一切或然的东西，只承认和接受确定无疑的东西。而经验的知识是易误的、靠不住的，真正可靠的知识只能从直观和演绎得来。直观是指人们凭借理智直接得到的对事物清楚、明白的构想，它是不容任何怀疑的。直观的作用类似于"看"，是一种理智上的"看"，它给人提供的是一目了然的东西。比如，一个人可以直观到他自己的存在，他自己在思想，一个三角形由三条直线围成，圆形是在一个平面上等。演绎是指必然无误的推理过程。直观与演绎的区别在于，直观的结果是直接的，不包含推演的过程，而演绎的结论是推出来的，比如三角形三个内角之和等于两个直角这条定理，不是直观到的，而是通过一系列推理得到的。当然，如果演绎的前提是错误的，其结论也必定错误，因此，演绎的结论要成为真实的，它的前提必须是真实的，而这样的前提只能由直观来提供。

（3）代数和几何就是运用直观和演绎方法结出的果实。以代数和几何为样板，可以发展出一门新的普遍科学，可以称为"普遍数学"。说它是普遍的，是因为它包含了人类理性的基本因素，不仅可以用于研究数学，而且可以用于研究其他一切对象和一切科学。它表面上与数学相似，实际上远远超出了数学的范围，它所具有的数学外表，只是为了使人们更容易理解它。这门"普遍数学"与其他科学不同之处在于，它所研究的只是事物的秩序和数量关系，而不是其他具体性质。

（4）所谓研究事物的"秩序"就是要从事物的最简单、最容易的部分开始，由易到难，逐步上升到研究事物全体的、复杂的部分。比方说，我们要求3至48之间连续成1：2关系的数，要一下子说出来是很难的。但我们可以从最简单、最容易的部分做起。于是，我们一眼即可看出3与6，6与12，12与24，24与48有1：2的关系，因此3、6、12、24、48是符合上述要求的数。由简单到复杂的过程也就是运用演绎推理的过程，通过不同的推理，就可以理解十分复杂的事物。科学方法的全部真谛就在于，通过直观对事物进行观察，然后根据观察的结果将事物按照由简单到复杂的秩序进行安排，从而由对简单事物的认识达到对复杂事物的认识。为了保证推演的全面性和完整性，还应当以归纳方法作为补充，即通过列举，将一切有关的事物现象都纳入推演过程中，不使遗漏。这样，对经验归纳持轻视态度的笛卡儿，就在一定程度上承认了经验归纳方法的有效性。

此外，笛卡儿提出的所有这些规则，都是为了解决如何获得科学知识的方法问题，他还在第八条规则中强调，他运用这些规则所要完成的首要任务就是要"确定人类认识的性质和范围"。这样一来，他就将认识论问题提升到哲学研究的主要地位，后来的英国哲学家洛克（Locke）也几乎以同样的方式提出了这个要求。正因为如此，在西方哲学史上，通常将笛卡儿和洛克看成是近代认识论纲领的制定者，正是他们肇始了近代西方哲学的"认识论转向"。

第 3 章

自然哲学（一）：研究与著作

笛卡儿最终没有完成《指导心灵探寻真理的规则》一书，这不能不说是他的普遍科学计划的一个挫折。究其原因，应当说是由于笛卡儿的雄心壮志大大超过了自然科学发展的实际水平造成的。当人们对自然现象的认识还十分肤浅，科学知识还没有极大丰富的情况下，要建立一门包罗万象的普遍科学，是不可能的。笛卡儿似乎也认识到了这一点，于是，他决定将研究的重点转向身边发生的各种自然现象上来，对它们的成因给出科学的解释。他的研究方向的这一转变带来了丰硕的成果，使他在光学、几何学、地质学、磁学、气象学、生理学、解剖学等许多方面都有卓越的建树，由此也奠定了他在西方自然科学史上的地位。在当时，由于自然科学还没有从哲学中分离出来，所以，从分类上说，笛卡儿这一方面的工作属于自然哲学。他的自然哲学思想是通过一系列著作阐发出来的，这些著作主要有《论世界》《哲学原理》的某些部分，以及《气象学》《屈光学》和《几何学》等几篇短论。

一、"要生活得愉快，就要隐秘地生活"

当笛卡儿决定开展对自然现象的研究时，他首先想到的是要为自己找一个合适的研究场所。经过慎重考虑，他决定到荷兰（联省）去，这是他曾经去过的地方。为什么选择荷兰？笛卡儿给出了几点理由。一是荷兰气候宜人，不像法国和意大利那样炎热，而炎热的气候容易使人生病。二是法国的熟人太多，经常受到打扰，上层社会的喧闹生活不适于静心研究。第三条理由似乎最重要，那就是荷兰有和平安定的社会环境，而且荷兰的执政官拿骚的腓特烈·亨利亲王（Prince Frederik Hendrik of Nassau）答应保证他的安全，使他可以享受自由愉快的研究生活。笛卡儿最后这个考虑不是没有道理的，因为他清楚地知道，在法国或意大利那样正统神学势力强大的地方，对自然现象的科学研究要冒很大风险，任何违背神学教义的观点都可能遭到神学家的压制和报复，甚至有被送上宗教法庭的危险。虽然荷兰的加尔文教派的宗教立场也很坚定，但毕竟是宗教改革的产物，对自由思想要比天主教宽容得多。而且，这时的荷兰已经是资产阶级共和国，它的思想氛围之宽松，也是法国那样的专制国家无法相比的。

出于这些考虑，笛卡儿选择了一种与众不同的生活方式：隐居起来，与世隔绝。他的座右铭是："要生活得愉快，就要隐秘地生活！"他于 1628 年年末离开巴黎，1629 年年初到达荷兰北部弗里斯兰省的弗兰纳克尔（Franeker），在那里的大学注册为文学院学生。而后他在荷兰的二十年中，辗转迁居二十余次，除了生活本身的需要，很大程度上是为了避开外界的关注。除极少数人外，他断绝了与所有朋友的直接联系。他说自己就像一个"住在荒漠中的人"。而与他有联系的少数人中，关系最密切的是梅森，他将自己的行踪告诉梅森，并要求梅森切勿将自己的住址告诉他人。于是，梅森几乎成了笛卡儿与外界（尤其是法国）联系的唯一纽带，笛卡儿的许多信件是由梅森转寄的，其中也包括笛卡儿的一些家信。梅森曾戏称自己是笛卡儿的"信箱"。更重要的是，梅森是一位联系广泛的学者，他通过书信给笛卡儿带去学界的各种信息，同时也将笛卡儿的研究成果传达给学界。于是，我们看到了这样的情况：虽然人们不知笛卡儿的行踪，但对其研究活动却并不陌生。对于笛卡儿来说，既然他要靠书信来沟通信息，写信就成了他必做的工作或一种生活方式，他每周专门拿出一天的时间写信，以便赶上定时出发的邮班。笛卡儿留下的书信卷帙浩繁，1963 年在巴黎出版的《笛卡儿书信集》竟有八卷之多，收入书信七百余封。这些书信决非只与生活琐事相关，而是包含笛卡儿大量的学术思考，因此成为了解笛卡儿的学术观点和思想历程的重要文献。

笛卡儿选择的这种生活方式也与他采取的研究方式有关。一般认为，作为一位科学家，与其他学者交流或借鉴他人的成果，将有助于启发自己的思想，促进自己的研究。可是，笛卡儿对这种方法却不看好。他认为，科学研究的最大乐趣不在于听别人说各种道理，而在于依靠自己的勤奋努力去发现这些道理。因此，当他看到某本书的书名显示有新的发现时，他不是急于知道其中的内情，而是凭自己的思考或亲自动手实验，看看是否也能得到同样的结果。在此过程中，他努力总结自己的原则和方法，并将这些方法用到更广泛的方面去。当他发现许多书籍连篇累牍，实际上并没有可靠的知识时，就对读书感到厌烦了。他是一位不主张多读书的思想家，他曾说："我没有什么书，即使我有些书，也舍不得花时间去读它们。"

没有时间读书？那么，笛卡儿将时间用在哪里了呢？原来，除了思考各种科学问题以外，笛卡儿将大量时间用在光学研究和解剖实验上了。为了研究光学，他亲自磨制过镜片，还打算制作一台磨镜机，为此他邀请巴黎的一位磨镜师进行合作，但对方没有接受。为了研究动物身体的组织和生理功能，他还经常到附近的屠宰场观看屠宰牲畜，有时将牲畜器官拿回家去亲自解剖。据说，当有人问他，你的图书馆在哪里，笛卡儿指着要解剖的动物尸体说："这就是。"从当时的图书状况来看，笛卡儿对读书的冷淡态度并不难理解。因为在他那个时代，除了他在学校读过的古典书籍以外，最流行的就是关于经院神学和荒诞迷信的书，这些书对他的科学研究毫无用处，当然引不起他的兴趣。他最关心的是科学的发展，而当时自然科学刚刚起步，许多领域还是空白，他所能读到的科学书籍十分有限。因此，如果正确理解，笛卡儿不主张多读书，是不主张读对科学研究没有用处的书（我们还记得他对以往知识的批判吗）。笛卡儿明白，要研究自然现象，不能从现成的书本里找答案，而是要做一个垦荒者，通过自己的观察和思考，在科学知识的荒漠上培育出果实。

二、《论世界》

自然现象层出不穷、变化万千，从何研究呢？开始时，笛卡儿的研究几乎是零打碎敲的：他先从对自然现象的观察中归纳出一些问题，还要求梅森提出一些问题，然后通过反复思考，主要运用力学和数学的原理，对这些问题作出回答和解释。这样的研究虽然也可以取得成果，但显然不够系统。这时，一件偶然的事使笛卡儿的研究计划发生了根本转变。

1629 年 3 月 20 日，在罗马附近出现了假日（幻日）现象。这是一种罕见的天象，表现为太阳两侧各出现一个或多个太阳的虚像，这是由于太阳光穿过空气中的冰晶体发生折射而造成的。一位友人向笛卡儿求解，笛卡儿停下手中的其他工作来研究这个现象。他发现，为了说明这个现象，他不得不研究其他各种气候现象，以致他最后写出的竟是一篇名为《气象学》（*Les Meteores*）的文章。这次的研究经历使笛卡儿有了一个此前从来没有过的宏伟设想，那就是不再一个一个地研究个别现象，而是要把研究扩大到"一切自然现象"，也就是说，要研究整个物理学。这一设想最后变成了现实，这就是笛卡儿从1629 年下半年开始，至 1633 年 11 月写成的经典科学著作《论世界，或论光》（*Le Monde, ou Traité de la Lumiere*，下简称《论世界》），并将同一时期写成的《气象学》《屈光学》（*La Dioptrique*）和《几何学》（*La Geometrie*）作为证明它的实例。

还要提到的是，1632 年 6 月，笛卡儿即已完成了《论世界》的无生物部分，然后，他唯恐人们会忽略人也是一种自然现象，因此又写了一部关于人性的著作《论人》（*L'Homme*），最终，他将这部著作补进《论世界》，作为它的一个组成部分。

这本书的书名看上去有些奇怪，为什么将"世界"和"光"连在一起？这个书名是笛卡儿死后 1664 年由出版者加上的，不过这并不违背笛卡儿的原意，因为笛卡儿最初为它起的名字就是《论光》。原来，按照笛卡儿的一贯思想，自然现象从来不是混乱无序的，而是有必然的规律可循，而且这些规律是互相联系的。可是，要在一本书里把所有的事情都讲到，是不可能的，需要找一个恰当的视角，这个视角就是"光"。笛卡儿早年就对光的现象感兴趣，在巴黎时对光学也有比较深入的研究。他认为，各种自然物体都可以与光联系起来，我们可以根据这些联系，对各种物体一一作出说明。比如，我们可以先谈到太阳和恒星，因为光是从它们那里发出来的；然后谈到天宇，因为它是传播光的；再谈一谈行星、彗星和地球，因为它们是反射光的；接着，再专门谈一谈地球上的各种物体，它们有的是有色的，有的是透明的，有的是发光的，这些都与光有关系；最后，谈到人，因为他们是这些物体和现象的观察者。笛卡儿以光为切入点展开对世界的描述，并没有非此不可的理由，因为光也是一种自然现象，并不是决定其他一切现象的根本原因或条件。恰当地理解，笛卡儿用光将各种事物联系起来，只是要在对世界的说明中有一个可以理解的"次序"，避免像有些人的论述那样杂乱无章。

在笛卡儿的时代，自然科学还很不发达，人类对物质的结构和性质的认识十分肤浅，除了一些简单的实验，提不出更多的实际证据，即使稍稍领先的近代天文学也处于萌芽阶段，好不到哪里去。学界流行的自然科学理论还主要是古代思想家的学说，尤其是亚里士多德的思想及其在经院哲学中的变种，这些学说早已被证明充满了谬误。在这种情况下，笛卡儿要对他所列出的各种自然现象作出说明，没有任何现成的学说可循，他必须绘制一幅与前人完全不同的世界图画。在这方面，虽然笛卡儿也承认，世界是上帝创造出来的，按照上帝的命令而运动，但他与那些着眼于神学论证的神学家不同，作为科学家，他强调的是自然界的自主活动。他认为，上帝创造了世界和世界万物的运动规律，然后，他就撒手不管，让世界按照自己的规律运动。而且，上帝绝不是朝令夕改的，无论他创造出多少世界，它们依据的规律都是一样的。因此，只要我们知道了构成世界的物质是什么，知道了指导世界万物运动的规律，那么，即使物质起初是一团混乱，我们也可以按照规律将这些物质的性质和这个世界的形成过程描述出来。这里，笛卡儿所说的规律就是指当时刚刚发展起来的机械力学以及描述事物之间数量关系的数学原理。现在我们知道，自然现象是十分复杂的，对自然规律的认识是一个无限发展的过程。在当时自然科学还处于蹒跚起步的情况下，笛卡儿试图仅凭几条力学和数学原理就将世界万物的性质和变化描述出来，显然是不现实的，但他的观点却体现出一位科学家在研究自然界现象时的一个宝贵态度，即承认和尊重自然界的客观实在性和自然现象的规律性。可以说，在自然科学领域，笛卡儿是一个朴素而坚定的唯物主义者。这也就是为什么当我们听到他发出豪言壮语："给我物质和运动，我将为你们构造出一个世界来。"不会嘲笑他的幼稚，而是为这位科学家的雄心壮志所感动。

笛卡儿将他构想的世界图景在《论世界》一书中描述出来，可以想见，依据十分有限的事实材料和简单几条力学原理，他所构想的世界必然充满了大量的想象、猜测和错误。后来读过这部著作的大思想家伏尔泰说，里面除了假说以外什么也没有，当看见这位当时最伟大的几何学家放弃几何学而沉迷于想象之中，感到十分痛心。大科学家牛顿也读过笛卡儿的这本书，据说他在开始几页的空白处不断批上一个词"错误"，后来，批的"错误"一词太多了，他干脆将书搁在一旁，再也不看了。那么，笛卡儿对这部书怎么看？他承认，这本书依据的事实材料有限，主要是靠推理和想象出来的，因此他把书中关于世界所说的一切称作"童话"。不过，笛卡儿坚信，这个"童话"绝不是毫无道理的"虚构"。他断言，只要遵照上帝创造的自然规律，那么，他所描述的世界就与上帝创造的世界毫无二致。笛卡儿的自信主要来自对抽象推理和纯粹思辨的信任，这是他作为数学家的天赋和习惯，并无多少事实的根据。当然，尽管他对世界的描述有不少幻想和错误，但也有许多天才的设想和合理的成分，这是我们所关注的。不过，在具体说到《论世界》的内容之前，我们先看一下这部书的后来命运如何。

三、伽利略事件

1633 年 11 月，笛卡儿写完了《论世界》一书，他准备将文稿誊清后给梅森寄去，作为新年的礼物，然后，将该书发表。可是，就在这时，一条消息传来：伽利略因他的日心说观点在罗马受到审判。这条消息就像晴天霹雳，使笛卡儿感到无比震惊。在惊恐之余，他决定将《论世界》压下暂不发表，连书稿也不让梅森看到。他在给梅森的信中说，他甚至打算将他写的所有文稿都烧掉。

伽利略受审是怎么回事？为什么笛卡儿会受到如此大的震动？

原来，自从哥白尼提出了日心说之后，极大地动摇了宗教神学的权威。因为按照《圣经》的说法和神学家的解释，地球是不动的，是宇宙的中心，是教会的所在地，而太阳则或起或落，围绕地球运动。为了压制科学思想对教会权威的冲击，在1546 年召开的天主教特兰托公会议（Council of Trent）第四次会议上决定，教会是对《圣经》解释的唯一权威；在属于基督教学说的信仰和道德问题上，不允许任何人根据自己的判断来解释《圣经》和歪曲《圣经》，即使这样的解释未发表；凡违背此法令者将由主教定罪，并予以严厉惩罚。根据这项法令，伽利略被禁止以任何方式发表关于地球围绕太阳运行的地动说理论。1632 年 2 月，伽利略不顾教会的禁令，发表了《关于两种主要世界体系的对话》一书，进一步捍卫和发展了地动说，这无异于对教会的公然挑战。次年，罗马教廷对伽利略进行了审判。1633 年 6 月，伽利略以宗教异端罪被判处终身监禁，并被迫在宗教法庭上认罪。

由于信息传递的不便，直到五个月后，笛卡儿才得知伽利略被判罪的消息。这个迟到的消息使笛卡儿大为恐慌，因为他在《论世界》中同样主张地动说，把地球看成是一个在物质旋涡中围绕太阳旋转的行星。而这一观点又不是孤立的，它建立在一个完整的理论系统的基础上，如果这一观点被否定了，那么，牵一发而动全身，整个理论系统也必定垮台。他在给梅森的信中说："如果这个观点是错的，那么我的全部物理学基础也是错的，因为这个观点很容易从这些基础来证明。这个观点与我的论著的各部分都有密切联系。我不可能将这个观点与这些基础分开而不破坏其他部分。"谈到教会对伽利略的惩罚，笛卡儿明显表示不满。他认为，伽利略的地动说只不过是一个假说，对待一个假说，教会完全没有必要大张挞伐。当然，他对伽利略事件的看法同样适用于他自己，因为他始终认为自己关于世界的论述也是一个假说，既然是假说，就没有理由一定把它看成是蓄意与教会作对。但是，伽利略的命运使笛卡儿对自己的前途忧心忡忡：如果《论世界》一旦发表，教会将会怎样对待他？在沉重的思想压力面前，笛卡儿选择了退却。他在给友人的信中说，虽然我的论证都是建立在确实明白的证据上的，但我不希望其中有任何东西与教会的权威相抵触，也不想对它进行修改而使它变得面目全非，我只想过和平的生活，我宁愿将我在写作中付出的时间和辛劳付诸东流，也不愿意因我的著作受到过分的关注而带来恐惧。于是，他决定将《论世界》一书暂不发表，他希望有朝一日教会能改变对伽利略的态度，使《论世界》也有拨云见日的机会。但遗憾的是，笛卡儿在世时，他的这一愿望始终没有实现。笛卡儿小心翼翼地将《论世界》保存起来，不让它流传于外。友人调侃说，看来只有他被杀死，这本书才能发表。他对友人说，他将《论世界》隐藏得严严实实，即使他死后一百年，人们也无法找到它。几经曲折，当《论世界》的法文本于1664年首次面世，笛卡儿已经逝世多年了。

尽管《论世界》最终得以发表，但也留下了不少遗憾，因为笛卡儿死后，人们发现他的《论世界》手稿并不是原封不动的，是否他真的烧毁了一部分稿件？或根本就没有写完？这些不得而知。也有证据表明，1664年出版的《论世界》是非常不完整的，而且只是一个概要，因为根据笛卡儿的书信可知，原书的内容十分广泛，并且形成一个完整的理论体系，而发表的部分显然达不到这一要求。

笛卡儿的《论世界》到底说了些什么呢？好在笛卡儿在《谈谈方法》的第五部分概括地介绍了《论世界》的主要内容，使我们可以看到它的部分面貌。而且在1644年出版的另一部著作《哲学原理》中，也论述了与《论世界》同样或相似的内容。人们认为，笛卡儿是将他在《论世界》中没有完全说出的东西在《哲学原理》中进行了复述。此外，笛卡儿用作《论世界》"例证"的三篇论文《屈光学》《气象学》《几何学》，比《论世界》的命运好一些：1637年，笛卡儿将它们结集后，以

《谈谈方法》为名发表。它们的情况，我们将在本书第五章中专门介绍。现在，还是让我们回到笛卡儿那个关于世界的"童话"吧，看看他告诉了我们什么。

第 4 章

自然哲学（二）：关于世界的"童话"

笛卡儿的"童话"充满了引人入胜的想象，但对于具有现代科学知识的读者，它们显得十分幼稚和可笑，因此，我们这里所要说的只能是其中最有科学价值和哲学意义的东西。

一、主体与客体

笛卡儿清楚地知道，他所要描述的世界是客观存在的，而他的描述没有直接观察的证据，因为人对世界直接观察到的东西是十分有限的，谁能一眼看到宇宙的尽头？谁曾见过天地万物的形成？因此，笛卡儿必须依靠自己的想象和推理，如同我们现在科学研究中所做的假说和演绎。尽管笛卡儿对自己的描述充满了自信，但重要的是他没有否认这样一个事实，即从原则上说，他所做的描述和现实存在的东西不是一回事，两者之间有根本的区别，前者是一种说法、一个说明，后者是实实在在存在于那里的东西。笛卡儿在《论世界》中特别指出，他对光的描述与光本身是有差别的。如果我们将笛卡儿的观点上升到一个根本的原则上来理解，他实际上是说，在我们的认识活动中，存在着主体与客体的对立关系，人是认识的"主体"，他以作为"客体"的外部世界为认识对象，人在对真理性知识的追求中最终实现主体与客体的统一，也就是发现事物的本质和规律，或如笛卡儿所说，就是完整准确地描述世界。将人类认识活动中主体与客体的对立确定下来，是笛卡儿的功绩，它规定了整个西方近代认识论发展的轨迹。

二、物质与广延

在自然观上，笛卡儿是唯物主义者。他认为世界万物，大到宇宙天体，小到物体微粒，包括动物和人的身体，这些都是由物质构成的。虽然他口口声声说物质和物质运动的规律都是上帝创造的，但他认为上帝完成了创造工作后就不再干预物质世界的运动，因此在自然界中，物质是唯一本源的东西，用他的话说，最初的世界就是"一团混沌的物质"。在信仰上，也许笛卡儿真诚相信上帝创造了世界，但我们在理解笛卡儿的自然哲学或物理学时，则完全可以将上帝的作用忽略不计，因为这时笛卡儿考虑的是自然本身的性质和运动，与上帝的作用无关。即使上帝有作用，也只是保证世界按其规律运行，不使其出现偏差。在这一点上，笛卡儿与诉诸神迹来解释自然现象的神学家们划清了界线。

物质的根本性质是广延，也就是说，任何物体都有长、宽、高，都占有一定的空间，这就是物体的广延性。不但有形的物体具有广延，而且物体所占据的空间也有广延，在这一点上两者并无不同，不同的只在于我们构想它们的不同方式：在物体中，我们将广延看成是具体的，它同物体一样变化；在空间中，我们将广延看作是普遍的，当我们将一个物体从某一个空间移开，我们并不认为我们也移开了那个空间的广延，因为这同一个广延仍在那里，仍具有同样的大小和形状，仍与其他物体保持同样的位置。

既然广延构成了物体的本性，也构成了空间的本性，那么，物体和广延就没有本质的不同。我们可以将一个物体的非本质属性，比如，它的硬度、颜色、重量、冷热等性质一一排除掉，我们仍可以有一个物体的观念，而如果将它的长、宽、高也排除掉，我们就没有物体的观念了。同样，空间也因为有长、宽、高的广延性，我们才能够构想它。正因为在具有广延这一点上，空间与有形的物体并无不同，所以，当我们说到一个空间时，就意味着它有广延，而既然它有广延，就必然被物体所占据。以一个容器与它之中的内容物为例，虽然这个容器与它的内容物并无必然的联系，但这个容器的凹面形状与它的空腔构成的广延有必然的联系。所以，说这个空腔没有它所构成的广延，或说这个广延没有它所包含的具有广延的物体，就如同说一座山没有山谷一样矛盾，因为没有任何物体是没有广延的。因此，不包含任何物体的所谓"虚空"是不存在的，

"要说有一个绝对无物的虚空或空间，那是违反理性的"。比如，水罐是用来盛水的，当我们说它是空的，指它没有盛水，但里面有空气，空气也是物体。又比如，我们说一个鱼塘是空的，是指塘中没有鱼，但塘中有水。同样，当我们说空间是空的，是指它不包含可以感觉到的物体，但并不意味着它不包含其他感觉不到的物体。

在笛卡儿那里，物质的广延性概念有重要意义，因为它证明了世界的物质统一性和无限性：既然物质的根本属性是广延，而世界上的一切物体都具有广延，那么，这无异于说世界上的一切物体都是物质的，世界的统一性在于它的物质性，不可能有非物质组成的多重世界存在；而且，无论这个世界及其物体的广延有多大，我们都可以想象超出其范围的更大的广延，因此，世界在广延上是无限的。

依据物质的广延性学说，笛卡儿反对古希腊哲学家德谟克利特的原子论。德谟克利特认为，世界是由不可分割的最小物质微粒"原子"组成的，"原子"在"虚空"中运动。笛卡儿反驳说，不论物质的微粒多么小，都是有广延的，只要它有广延，就必然是可分的；而且根据他的空间理论，没有一物的所谓"虚空"是不存在的。德谟克利特认为，如果没有"虚空"，原子将无法运动。笛卡儿反驳说，没有"虚空"，物体也可以运动。为了说明这一点，笛卡儿以鱼在水中的游动作比喻：鱼在水中游动时，它不断占据前面的空间，而它前面的水则向后方流去，同时后面的水占据鱼向前游动时留下的位置，形成水的循环。在笛卡儿看来，运动本身就是一种循环。笛卡儿还指出，德谟克利特的原子论不能合理说明万物是如何从一堆原子中产生出来，因此是站不住的。

三、物体与运动

除了广延以外，我们还可以知觉到物质的其他许多性质，比如不同的形状、运动、重量、颜色、声音、气味等。而所有这些不同性质都是由物质的分割和运动造成的，"物质的一切变化或物质形式上的多样性，都依赖于运动"。

那么，什么是运动？笛卡儿认为，所谓的运动就是指机械的"位移"，除此没有其他的运动。笛卡儿将物质与运动联系起来，是十分正确的，但他不了解物质运动的多样性，因为除了机械运动，物质还有化学运动、生物运动、社会运动等多种运动形式。笛卡儿将机械运动当作物质运动的唯一形式，是当时自然科学水平的局限造成的，他试图用机械运动来说明一切自然现象，是造成他的许多理论误区的重要原因。

笛卡儿还将关于运动的通常说法与他所说的运动区分开来。按照通常的说法，运动是"物体从一个位置移到另一个位置的活动"。如果按这样的说法，就可能出现这样荒谬的情况：一个物体运动了，同时，我们也可以说它没有运动。比如，一个人坐在一艘正在离岸起航的船上，虽然他与码头的位置发生了变化，我们说他在运动，但他与船的位置没有变化，因此我们也可以说他没有运动。显然，通常的说法是有缺陷的。笛卡儿认为，这里的缺陷就在于，人们通常习惯于将运动与"力"

或"活动"联系起来，好像某物（比如那艘船）只有在力推动的情况下，它才是运动的，而没有活动的东西（比如船上的那个人）就是静止的。于是，笛卡儿试图给运动一个"符合事物真理"的说明。他认为，应当将位移与推动位移的所谓的"力"区分开，运动是位移，而不是引起位移的"力"，"运动永远是在可移动的物体中的"，只要一个物体发生了位移，它就是在运动。尽管笛卡儿只承认机械运动，看不到运动有多种形式，但他的基本观点是十分可贵的，因为他实际上把运动看成是物质本身固有的，物质与运动不可分。这是一种具有辩证法因素的思想。笛卡儿的观点直接反对了亚里士多德的运动观，因为正是亚里士多德将运动与外力推动直接联系起来，因而得出物体运动受不同力的影响，并无统一运动规律的错误观点。而这种观点很容易被神学家所利用，将它作为神随意干预物体运动的根据。

笛卡儿关于运动与静止关系的看法也表现了朴素的辩证法思想，值得称道。他认为，运动和静止只是运动的物体的两种不同样式，运动是绝对的，静止是相对的，宇宙中没有真正静止的点。一个物体在某种情况下看也许是静止的，但从更大的范围看，它是运动的，比如坐在船上的人可以被看成是随着船的运动而运动的。

同物质的起源一样，如果追溯运动的起源，只能到上帝那里去寻找，上帝是万物运动的"第一因"。虽然上帝创造了物质的运动，但并不允许运动量增加或减少。笛卡儿设想，上帝在创造物质时，将一定的运动量和一定的静止量放进物质中，并保持其永远不变。当一个物体与另一个物体碰撞，使另一个物体运动，它所损失的运动量恰好等于另一个物体增加的运动量。就整个世界来看，不论其各个部分的运动量增加或减少，其总量始终保持不变。笛卡儿以这种方式猜测到了物理学中运动量守恒的原理。

如前面所说，笛卡儿认为世界万物的运动是有规律的，他将这些规律概括为三条：

第一条规律是："每一事物尽其所能，永远保持同样的状态，而且它一旦运动起来，就永远继续那样运动下去。"

第二条规律是："一切运动都自行是直线运动，因而做圆周运动的东西永远倾向于离开它们所围绕的圆心。"

第三条规律是："一个物体与另一个物体相撞，它不能将任何运动加诸另一物体，除非它自己同时失去同样多的运动量；它也不能减少另一物的任何运动，除非它自己增加了同样多的运动量。"为了进一步说明这条规律的作用方式和碰撞物体所发生的变化，笛卡儿还列出了七条具体规则，并将这些规则的运用留给读者自己去思考。

将自然界千变万化的运动概括为三条规律，这是笛卡儿对运动力学的一个重大贡献。前两条规律实际上猜测到了物理学中的惯性定律，即物体在不受外力作用时，保持其原有的静止或直线匀速运动状态不变。第三条规律即是前面提到的运动量守恒定律。尽管笛卡儿对这条定律的猜测堪称天才，但他毕竟主要依赖于想象而不是实验，因此对碰撞的后果缺乏准确的描述，而他为此增加的七条补充规则大部分都是错误的。

四、宇宙演化学说

当笛卡儿开始写《论世界》时就有一个大胆的计划，他要说明整个宇宙是怎样形成和演化的。之所以说这个计划是"大胆的"，是因为它与神学相违背。根据《圣经》所说，天地万物是上帝在六天之内创造出来的，并没有什么形成演化过程；如果宇宙是自己形成演化的，那么，上帝的作用往哪里摆呢？笛卡儿似乎也意识到这里有对上帝的冒犯，但他辩解说，他对宇宙演化过程的描述是根据上帝制定的规律进行的，因此，即使世界是上帝一次创造成型的，他所描述的世界也与上帝创造的世界不矛盾。

笛卡儿是怎样描述宇宙的演化过程的呢？笛卡儿认为，由于物质世界没有虚空，趋向于直线运动的众多物体不可能都做直线运动，于是，不得不做圆周运动或旋转运动，形成了各种各样的旋涡。物质由三种元素组成：第一种元素是火状元素，它们是最精微的物质，光滑而呈球形，极为活跃，可以充满其他物体一切细小的间隙；第二种元素是气状元素，它们不如第一种元素精微，也是光滑的球状粒子，它们彼此结合成小的球体；第三种元素是土状元素，它们互相构成比较大的团块，比前两种元素都要粗糙。在物质的旋涡运动中，第一种元素趋向于旋涡的中心，形成了自己可以发光的太阳和恒星；第二种元素脱离旋涡的中心，向外周运动，形成了透明的天空；第三种元素组成了地球、其他行星和彗星，它们是不透明的。宇宙中的天体都是由这三种元素构成的。每个行星都处在一个小旋涡的中心，在那里静止不动，而这些旋涡又围绕太阳运动。《论世界》的第十章明确把地球描述成在一个旋涡中围绕太阳运转的行星。有人说，笛卡儿在这里是想将日心说和地心说调和起来：在小旋涡中，地球是不动的中心，在整个宇宙中，太阳是中心，地球随旋涡围绕太阳旋转。

笛卡儿的宇宙演化学说是近代天文学上的一个理论创举。虽然古代思想中也有关于世界起源和形成的学说，但基本上是形而上学的虚构，而笛卡儿对宇宙演化过程的描述，是以近代力学和数学原理为根据的，尽管其中有许多猜测的成分，但它仍不失为一个科学理论。它的重要意义在于，它将发展的观点引入了天文学，表现出辩证法的思想，后来的康德和拉普拉斯也根据这种发展的观点来理解太阳系的起源，提出了著名的"星云说"。恩格斯称"星云说"是在僵化的形而上学自然观上"打开了第一个缺口"，这个评价对于笛卡儿也多少是适用的。

五、动物是机器

笛卡儿试图用与描述无生命物体同样的机械原理来说明生命运动，提出了动物是机器的著名论断。当时法国的皇家花园里有许多用水流推动的自动机械，可以模仿动物和人的动作、声音。笛卡儿由此受到启发，动物无非就是一架自动机，只不过它更复杂一些罢了。他在《论人》中将动物的神经比作自动机械（比方说一座自动喷泉）中输水的管子，将动物的肌肉和筋腱比作喷泉中带动机械部分动作的其他各种机械和弹簧；将动物的"元精"（指分布于血液中推动身体运动的精细物质）比作推动它们的水；将心脏比作水源；将脑穴比作各种孔隙。动物的呼吸等自然运动和由元精引起的运动，与自动喷泉中由水流推动的机械运动是相似的。动物的感觉作用也可以用这种机械运动来解释：当外界对象呈现于感官，引起感官的不同运动，就好像陌生人进入这些喷泉的洞室，就会触动某些机关，从而引起感官的运动一样。比方说，当陌生人进入洞室时踏在设有机关的砖石上，就会使一个装扮成正在洗浴的戴安娜女神的机械慌忙躲避，如果他们追踪而去，就会有一个装扮成海神尼普顿的机械舞动三叉戟拦截他们……多么生动的描述啊！但要将它作为科学的理论显然是不够的，因为这里描述的机器太简单了，根本不足以说明精致复杂的动物身体。笛卡儿也承认，关于动物活动的机制他掌握的材料不多，因此他不可能像说明非生物体那样大量运用由因及果的推理，而不得不更多诉诸想象。他同时认为，虽然人造不出动物那样精巧的机器，但并不能因此否定动物是机器，因为万能的上帝可以造出动物那样的机器来。

如果说笛卡儿关于动物身体的描述一概粗糙简陋、毫无根据，也不尽然，因为他对动物血液循环的描述相当细致和准确，这无疑是因为他受到著名英国医学家哈维（Harvey）的研究结果的启发。哈维在 1628 年发表了《动物心血运动的解剖研究》一书，奠定了现代血液循环理论的基础。笛卡儿基本接受了哈维关于血液循环的观点，并试图从物理学的角度进行解释，比如，他把心脏跳动的原因归结为心脏的温度高于身体其他部分，而不是像哈维那样认为心脏有某种神秘的"能力"。上述事实也说明，笛卡儿经常强调要少看别人写的书，主要靠自己思索，实际上是不真实的，因为他直接或间接从别人那里借鉴的东西并不少，哈维的血液循环理论即是一例。当然，如前面所指明，笛卡儿的真正意思是说，科学研究不能依靠不确切的证据或道听途说，尤其不能受传统思想的束缚，而应该通过观察和实验获得确实的材料，并进行独立的思考和正确的推理。所以，他在说明了心脏的运动机制后提醒读者：只要你将一个动物的心脏放在眼前，仔细观察它的结构，亲自用手试一下心脏里的温度，体验一下血液的性质，就一定会同意这一说明，就好像我们知道了钟表零件的结构、位置、力量，就一定会相信钟表的运动就是由它们引起的一样。

动物是机器！那么人呢，人是机器吗？人是有理性的动物，从动物是机器到人是机器似乎只有一步之遥。18 世纪的法国哲学家拉美特里（La Mettrie）写了一本书——《人是机器》。他在书中将笛卡儿看作他的理论先驱，极尽赞誉之词。一般认为，他的《人是机器》就是模仿笛卡儿的动物是机器写成的。可是，笛卡儿本人却是"人是机器"的坚决反对者，他明确断言："人不是机器。"笛卡儿恰恰根据"人是有理性的动物"这一论断的"有理性"这一点。他认为，从人体的构造和功能上，可以将人看成是机器，这与动物是机器完全一样。但就人具有理性而言，不能将人看成是机器，因为动物没有理性，理性是人的本质特征：人之为人，不在于其身体，而在于其理性的灵魂。是否具有理性是人与动物的根本区别。为了说明这一点，笛卡儿设想了两架机器，一架机器的外表和动作与猴子一模一样，我们无法将它与真正的猴子区分开来。另一架机器的外表和动作与人一模一样，我们却可以根据两个标准将它与人区别开来。也就是说，机器与人有两点根本不同。第一，机器不能像人那样使用语言。他认为，人是有理性、有思想的，他们的理性和思想只能用语言来表达，语言是思想的必然伴随物；而动物和机器是没有理性和思想的，因此它们也没有语言能力。在这方面，最善于发声的八哥和鹦鹉也没法与最笨的小孩相比。虽然我们可以通过一些精巧的设计，使机器也能根据指示发出声音，形成句子，比如当我们敲打它时，它就发出与"疼"一词同样的声音，但我们决不能据此认为机器有思想，它感到了疼。因为不论机器对人的语言的模仿达到何种相似的程度，它都不过是按照机器制造者事先的安排来运作的，它发出"疼"的声音时的状态与人感到疼时的内心状态完全不一样。由于机器的"语言"是事先规定的，所以它不可能像人那样根据各种不同的情况，构造不同的句子，表达不同的意思。

笛卡儿的观点是很深刻的，尤其对于现代人工智能科学，他实际上提出了这样的观点，即对于任何一种机器（比如计算机），不论其程序设计多么完善，不论其功能与人的意识多么相近（功能等价），都不能等同于人类意识本身，它至多是对人类意识活动的一种外在模拟。虽然笛卡儿没有看到后来机器

（尤其是计算机）在模拟人类行为方面的惊人成就，但他从哲学的深刻性上已经预见到了后来关于机器思维的许多争论的要点。

有人认为，只要能满足一定的符号处理要求，计算机就可以像人一样思维。20世纪中叶，一位名叫图灵（Turing）的英国科学家提出了一个著名的"图灵实验"：只要机器与人对话时能使人误以为是与人对话，就证明机器能够思维。此后，"图灵实验"的有效性问题引起了广泛的争论。反对的意见十分明确，计算机模拟人的语言功能并不等于它能思维。一个著名的思想实验是这样的：将一个根本不懂中文的人关在一间小屋里，只给他一堆中文字卡片，和一本如何根据不同的中文字组合给出相应中文字组合的操作规则。外面的人通过一个小窗向他出示一串中文字组合，比方说："一个星期有几天？"里面的人虽然不知这串字的含义，但他根据操作规则排成一串中文字组合："一个星期有七天。"这个回答是正确的，可是，我们能说小屋里的人能用中文思维吗？显然不能。因此，图灵实验是无效的。从笛卡儿的观点我们可以看到，早在三百年前，他已经对这个问题作出了原则回答，而且事实证明，这个回答并没有完全过时，仍有重要理论意义。

笛卡儿认为能将人与机器区分开来的第二个不同点是：机器没有学习功能，它只能根据预先设计的程序运行，不能处理程序未规定的事情；而人则不同，人的理性是万能的，他可以通过自己的认识发展，应付千变万化的环境。在此，笛卡儿以否定的方式提出了机器是否能模拟人类认知和学习的问题，这是他的反机器思维观点的深入和具体化。现代人工智能科学家为解决机器的学习问题绞尽了脑汁，他们不能不承认，要对笛卡儿的观点给出决定性的反驳，并不是轻而易举的事情。

第 5 章

《谈谈方法》

由于伽利略事件的影响，笛卡儿暂时放弃了出版《论世界》的打算，但他对此并不甘心，他紧接着着手策划出版《论世界》的三个附录，即《屈光学》《气象学》和《几何学》。笛卡儿将这三个附录作为《论世界》中所述原理的"例证"。因为它们是关于具体的自然现象的，不涉及普遍的宇宙论问题，所以在笛卡儿看来，即使将它们出版也不会引起教会方面的强烈反应。尽管如此，笛卡儿对伽利略事件仍心有余悸，他坚持该书出版时必须是匿名的，以免受到迫害。

如前面所说，这三篇论文是早已完成的，所以，笛卡儿没费多少工夫就将它们整理完毕付印。如通常所做的那样，笛卡儿先将印样寄给梅森看。梅森并不反对发表这三篇论文，但他认为，如果只发表这三篇论文，而没有提供它们所依据的基础理论，那是很不恰当的。梅森这里说的基础理论，指的就是《论世界》。可是，这时的笛卡儿是绝不敢发表《论世界》的。

在梅森的一再坚持下，笛卡儿决定为这三篇论文写一个序言，谈一下他的思想发展过程。因此，当这部名为《谈谈方法》（它的全名是《谈谈正确指导自己的理性并在各门科学中寻求真理的方法》，*Discours de la methode pour bien conduire sa raisonet chercher la verité dans les sciences*）的著作问世时，是由一个"序言"和三篇论文组成的。它是笛卡儿在世时出版的第一部著作。

这部著作所用的语言是法文，而不是当时欧洲学术界通用的拉丁文。笛卡儿在谈到为什么用法文写这部书时说到，那是因为"我希望那些只用自己纯粹天然理性的人，比那些只相信古代书本的人，能对我的观点作出更好的判断。而且，那些将常识和研究结合起来的人……不会偏爱拉丁文到如此地步，以至于我对论证的说明用的是通俗的本国语言，就拒绝听我的论证。"实际上，笛卡儿用法文写这部书的原因并不像他自己说的那么简单，他的一个明显用意是要疏远以拉丁文为正统语言的宗教神学传统，他希望不仅在内容上，而且在语言上，能使更广大的普通读者，尤其是他的法国同胞能够读懂他的书。

用母语写书的想法固然很好，但也带来了一些麻烦。这主要是因为该书确定在荷兰出版，为了防止法国出版商盗版，损害荷兰出版商的利益，它必须取得法国的版权。为取得法国版权，笛卡儿颇费周折，后在朋友的帮助下，方才如愿。1637年年初，《谈谈方法》终于在荷兰的莱顿出版。为了表示自己的观点的独立性，笛卡儿没有像当时学者通常所做的那样，将书题献给某个大人物，而是将书分寄给在荷兰、法国、意大利等地的朋友。

对于这本书的书名，梅森颇有异议，认为笛卡儿在序言中并没有充分说明他的方法。笛卡儿回答说："我不理解你对题目的异议。因为我并没有说：'论方法'，而是说'谈谈方法'，这与'关于方法的序言或建议'是一样的，我以此表明我并不打算讲授这个方法，而只是谈谈它。就我关于这个方法所言，很明显，与其说它是理论上的，不如说它是实践上的。我称随后的几篇论文是'这个方法的例证'，因为我认为，它们所包含的内容若无这个方法就不可能被发现；同样，在该书第一部分我还将有关形而上学、物理学、医学的一些内容包括进去，以表明这个方法可以用在各类题材上。"

从《谈谈方法》的内容看，三篇论文是正文，在第一版中有四百一十三页之多，"序言"是后加上去的，处于附属地位，只有七十八页。可是，对于这部著作的后世影响来说，"序言"远远超过了正文。随着自然科学的发展，正文的科学理论现在几乎无人过问，而"序言"却成为西方哲学的经典之作。

笛卡儿在"序言"中说了什么呢？他强调，他在这里只是要"谈谈"或"介绍"一种方法，而且，这种方法只是根据他自己的思想发展来谈的，与别人无关："我这里的计划不是要说明每个人指导他们的理性所必须遵循的方法，而只是说明我是如何尝试指导我自己的理性的。"于是，"序言"就成了笛卡儿至那时为止的思想自传。它分为六个部分，按笛卡儿所说，第一部分是"关于诸科学的各种看法"；第二部分是"关于那种方法的主要规则"；第三部分是"从这个方法引出的一些道德规则";第四部分是"证明上帝存在和人类灵魂存在的理由";第五部分是"关于一系列物理学问题,尤其是对心脏的运动与其他医学方面难题的解释,以及人的灵魂与动物灵魂之间的区别";第六部分是"与进一步推进对自然的研究而必须要做的那些事情有关的问题"。既然是思想"自传",如果我们抛开这里的学术字眼,按照笛卡儿的思想历程大致描述这本书的内容,那就是另一副样子:第一部分,早年受到的教育,以及对各门知识的一般看法;第二部分,"奥林匹亚之梦"及最初的方法论设想;第三部分,从第一次出国周游归来至第二次移居荷兰之前为自己制定并遵守的行为准则;第四部分,隐居荷兰期间所做的形而上学思考;第五部分,概述《论世界》的主要内容;第六部分,论述放弃出版《论世界》的原因,以及发表《屈光学》等三篇论文的理由。

在前面的章节中,我们已经结合笛卡儿的经历介绍了这本书的部分内容,比如他的"奥林匹亚之梦",在数学基础上建立普遍科学的设想,科学研究的四条方法,自然哲学中的某些观点等,除此以外,他在这本书中还说了什么呢?

《谈谈方法》的第三部分一开篇,笛卡儿就表示,要从事科学研究,应当首先制定一些行为准则,以便使自己能够有一个正确的行动策略,将科学研究进行到底,同时也要保护自己的安全,不至于因科学研究而使自己的生活受到危害。他说,这就像在开工建筑一所房屋之前,先必须有一个既安全又舒适的栖身之所。他制定的准则共有三条:

第一条是:"服从我国的法律和习俗,笃守由于上帝的恩惠使我从小就领受的宗教。而且在所有其他事情上，用本性上最中和的、我可能相处的最明智的那些人共同接受并据以行事的最少极端的意见，来指导我的行动。"笛卡儿解释说，他之所以选择中和的意见，是因为这种意见最容易实行，不像极端的意见使人在犯错误时偏离正道太远。而且他认为，最偏激的事情就是限制我们的自由，因此应当允许一个人有改变自己观点的自由，以求得出更正确的判断。笛卡儿说这些是为了什么呢？显然，在伽利略事件的深深触动之下，他是在为自己安身立命的科学事业设置护身符和保护伞。他在向世人，尤其是向可能对他的科学研究形成威胁的人表白：他既不反对国家，也不反对宗教信仰，他的观点是最符合人类理智和常识的。

第二条是："我的行动要尽可能地坚决果断，一旦我思想中形成了一些意见，哪怕它们是最可疑的，也要真诚地遵循，就像它们是毫无疑问的一样。"笛卡儿将这一准则比作一个游人在森林中迷路时所应采取的做法：他既不应盲目乱闯，也不应停住不动，而应选定一个方向，照直走下去，即使这个方向是偶然选定的，也不随便改变这个方向，因为这样至少可以走出森林，总比在森林里坐以待毙强。在各种观点的选择中，应当遵循或然性最大的一种。在分不清哪种观点或然性最大时，也要选定一种，并把它看成是正确可靠的，坚决贯彻下去。笛卡儿在这里强调了科学研究的坚定态度和进取精神，用这一准则来克服科学研究中常见的反复无常、目标不定的毛病。

第三条是："永远只求克服自己，不求克服命运；只求改变自己的欲望，不求改变世界的秩序。总之，要使自己习惯于相信，除了我们的思想，没有什么东西完全是我们的能力所及。所以，当我们对身外的事情已经尽力而为之后，如果不能取得成功，那就是它不可能取得成功。"在这里，笛卡儿要求将自己的研究限制在人类理性可以达到的范围内，将追求真理的过程看作人生的最大幸福，表现了一种类似于古代斯多葛学派顺从自然、知足常乐的心态。

笛卡儿赋予这三条行为准则以极高的地位，将它们"与心中永远居首位的宗教真理同等看待"。不要忘记，笛卡儿叙述这三条准则不但是说他自己的想法，也是给包括统治者和教会人士在内的读者听的。他要借此机会表明自己的政治态度、宗教信仰和学术追求。在他看来，当他把这些都说清了，他就可以对其他思想进行大胆的怀疑和批判，最终阐明自己的观点，而不用担心落入伽利略那样的命运。笛卡儿特别对自己的怀疑主义态度做了解释，他将自己与古代以皮浪为首的绝对怀疑论者区分开来。他说："我并不是效仿那些为怀疑而怀疑、自称永远不确定的怀疑论者，因为正相反，我只打算得到使自己确信的可靠根据，去掉流沙和淤泥，是为了找到磐石或硬土。"

在《谈谈方法》的第四部分，笛卡儿谈到了上帝的存在和灵魂不朽的证明问题，这是一个形而上学的问题。笛卡儿坚信上帝的存在和灵魂不朽，这是基督教的基本信仰。但此前，不论在《指导心灵探寻真理的规则》中，还是在《论世界》中，他都没有对这个问题进行深入的探讨，而在《谈谈方法》中，这个问题被提出来了，这是一个重要的信号，它表明，当笛卡儿从物理学或自然哲学的角度对"可见的世界"进行研究之后，又开始转向探讨这个世界的形而上学基础。这实际上是他早年曾经从事、而后又搁置多年的事业。对于笛卡儿的思想发展来说，这是一个具有深远意义的转向，是一个最终推动他登上当时哲学顶峰的决定性步骤。笛卡儿承认，形而上学问题十分深奥，不是一般人的思维所能企及，放在《谈谈方法》中来说，并非人人都会感兴趣，但他觉得为了给他的全部理论奠定基础，这个问题又不能不说。此外，他还打算抛砖引玉，看看读者对他的论述会有何种反应，以便摸索出论述形而上学问题的更好方法。于是，在第四部分的短短几页篇幅中，笛卡儿简明扼要地阐述了他关于上帝存在和灵魂不朽的证明，其中包括制定普遍怀疑的研究方法，发现"我思故我在"的第一原理，论证心灵的本质属性是思想，提出上帝存在的本体论证明，确定"凡是我们非常清楚、明白构想的东西都是真的"这一理性主义的真理标准。当然，笛卡儿这里的思考仍然是初步的，还需要进一步的丰富和发挥，而它的最后完成是在他后来发表的最重要哲学著作《第一哲学的沉思》中。因此，我们在这里没有必要详细介绍《谈谈方法》中的论述，还是按照笛卡儿的思想进程，将有关内容放到讨论《第一哲学的沉思》时说吧。

《屈光学》《气象学》《几何学》是《谈谈方法》的三篇附录。虽然现在来看，它们并不是成熟的科学著作，尤其是笛卡儿主要诉诸的力学原理仍然是前牛顿力学的形态，尚显得幼稚和不系统，但这决不意味着它们是完全无价值的东西，正相反，其中的许多观点和猜测都是科学史上的卓越创见，有些还具有里程碑式的意义，深刻影响着后来科学理论的发展。

《屈光学》是笛卡儿多年研究光学现象的主要成果。他把光看作一种压力或作用，通过媒介传到我们的眼睛，如同物体的运动或抵抗通过手杖传递到盲人的手上。笛卡儿在书中的最重要贡献是论证了光照射一个平面时的入射角等于反射角的原理；提出了光在通过不同介质时的折射定律，即光线的入射角与折射角之正弦比是一个常数。这是一个具有现代形式的表达式。他还用很大篇幅讨论了眼睛的结构和视觉原理，透镜的性质和制作方法等。不过，笛卡儿的论证是按照与物体运动现象的类比，因此显得很牵强。比如，他根据一个球在柔软的物体表面上滚动不如在硬的桌面上滚动速度快，提出光在进入较密介质时速度会增加的假设，遭到科学家们的普遍反对。

如前面所说，《气象学》的写作缘起于笛卡儿对罗马"假日"现象的解释。在书中，笛卡儿运用他的光学知识，研究了光线通过水滴时的偏移与入射角的关系，说明了彩虹的形成及其在视觉上产生的效果。虽然该书谈到了许多常见的天气现象，但其内容相对于书名仍然显得很单薄。实际上，它的真正意义在于，在那个时代，它开创了一个不同于占星术和亚里士多德学说的气象学，使它成为现代物理学的一个分支。

在这三部著作中，《几何学》是最值得注意的一部，因为它提出了解析几何的基本原理，是笛卡儿对现代数学的最大贡献。笛卡儿认为，过去的几何学研究全靠图形和想象，难以掌握，代数只注重规则和公式，结果成为无用的计算技巧。要促进两者的发展，就必须打破两者互相隔离、分开处理的状况，将它们结合起来。我们从笛卡儿早期在布雷达从军，以及后来的"奥林匹亚之梦"中，都可以看到他的类似设想。

1632 年年初，受人之托，笛卡儿用了一个多月的时间解开了几何学的所谓"帕普斯问题"。这个问题由公元 3 世纪至 4 世纪的希腊数学家帕普斯首次提出，是关于求平面上一个动点 C 的轨迹的。帕普斯问题的解决促使笛卡儿写成了《几何学》一书。该书分三部分：第一部分将几何问题变成代数问题，提出了几何的统一作图法，即以单位线段及线段的加减乘除开方等概念将线段和数量联系起来，通过线段间的关系设定方程。第二部分解决帕普斯问题，这是他将新方法用于解决实际问题的一个尝试。第三部分讨论的是符号法则和方程理论。书中的最精彩之处，是笛卡儿提出了坐标几何的基本思想。简单地说，就是以两条正交于原点 o 的直线 ox 和 oy 构成一个坐标，平面上任何一点 p 的位置（坐标）可以用它到两直线的距离 x 和 y 来表示。于是，x 和 y 的不同数值和关系构成的方程，就表现为 p 点在平面上形成的不同轨迹。比如，当 x 和 y 成正比关系，所表现出的就是一条直线；当 x 和 y 是二次方关系，所表现出的就是一条抛物线。而 x 和 y 构成的方程是可以用代数的方法来演算的。笛卡儿提出的这一方法使许多涉及物体运动的物理学问题都可以通过数学演算的方式得到解决，这也是笛卡儿认为可以建立普遍科学所依据的数学基础。笛卡儿上述思想中的变数概念为数学带来了革命性的变化，恩格斯对此有很高的评价，他说："数学中的转折点是笛卡儿的变数。有了变数，运动进入了数学，有了变数，辩证法进入了数学，有了变数，微分和积分也就立刻成为必要的了……"

尽管《谈谈方法》的这三篇论文的历史影响不如"序言"那样大，但在《谈谈方法》刚发表的一段时期内，它们所引起的反响却大大超过了"序言"。人们对"序言"中笛卡儿的娓娓而谈不感兴趣，似乎只把它当作作者的自言自语，而对他在三篇论文中阐述的科学原理却反应强烈，因为其中的观点和论证是那样新颖和别致，使许多人，不论是欣赏者还是反对者，都不能不对之另眼相看。对于可能受到的批评，笛卡儿在书中专门做了表态，非常大度而得体。他说，欢迎读者对他的观点进行审查，并承诺对受到的批评作出回答，在该书再版时，将把正反两方面意见作为附录发表。从笛卡儿的本意来说，他确实希望他的理论能够通过批评得到进一步的完善。他声明，只要批评得有理，使他认识到自己的错误，他就会痛痛快快地承认；如果他对批评意见不能苟同，也会作出必要的辩护。他对梅森说："当我的伤口得到治疗时，我是不会抱怨的，对于给我真诚指教的人，我永远洗耳恭听。"正如笛卡儿所预料，《谈谈方法》出版后，各种评论纷至沓来，其中有赞成的，也有反对的。其中赞成者以荷兰学者居多，反对者以他的法国同胞居多。笛卡儿不断收到大多由梅森转来的批评和质疑的信件，他不得不为回答这些信件而将大量时间用在写信上。按照笛卡儿的性格，他起初不大习惯与人争论，后来他逐渐认识到，对于不同的意见，进行必要的争论是有益的。而后来的情况则是，笛卡儿对任何异议都据理力争，从来没有作出让步，他没有任何一个观点是因别人提出反对意见而改变的。因为在他看来，那些意见大多没有什么价值，不是本身有错误，就是太肤浅，早在他的预想之中。如果我们看一看笛卡儿的反驳，实在不能令人满意，这倒不是因为他坚持的观点都是错误的，而是因为他在回答批评者的问题时，总说要依据《论世界》中的原理，可是当有人劝他将《论世界》发表出来，他又拒绝了。鉴于这种情况，笛卡儿放弃了将反对意见和他的答复作为《谈谈方法》新版的附录发表的打算，只是后来在《第一哲学的沉思》的前言中顺便对几个问题做了简要的回答。

在各种批评意见中，数学方面的最多。其中比埃尔·费马（Pierre Fermat）的批评引起了激烈的争论。费马是法国著名数学家，自学成才。他比笛卡儿早十年开始了将代数与几何学结合起来的研究，但由于矜持，他没有将研究成果公布出来。《谈谈方法》发表前，他与笛卡儿互不相识。他从朋友那里得到了笛卡儿的书，看过后，给笛卡儿写了信。他对笛卡儿在《屈光学》中关于几何分析能确证反射和折射定律的看法提出质疑。他认为笛卡儿的分析是以有待证明的结论为前提的，因此是不合法的。随后两人频繁通信，展开争论。开始时，两人的语气还比较平和，争论的问题也都与学术有关，但随着你来我往的唇枪舌剑，两人的言辞越来越激烈、越来越刻薄，争论的主题反倒无足轻重了。虽然笛卡儿对费马十分不满，认为他在有意诋毁自己，但他不能不承认，他遇上了真正的对手，他说他从未遇到任何一个人能像费马那样懂得几何学的。从 1637 年四五月间费马给笛卡儿写第一封信开始，争论一直持续到次年 10 月，笛卡儿实在感到厌倦了，决定退出争论。他写信给梅森说，"我对与他的讨论完全厌恶了，在他说的话中，我看不到任何合理的东西","我再也不想给他们任何答复了,他们的几何学让我受够了……因为我现在清楚极了:他们的智力不过如此"。他承认,虽然在学术上那些质疑并不难对付,但却使他无法集中精力进行科学研究,就像一个人想躺在树荫下休息,可是总有两三个苍蝇在他脸前飞来飞去,使他无法休息一样。如果要对笛卡儿与费马的争论作出是非评判,并无多少实际意义,因为两人的误解多于实质性分歧。而且这种误解主要由于两人学术专长的不同而加深了:费马主要是几何学家,不是物理学家,所以对笛卡儿用力学原理解释屈光现象难以理解。另一方面,两人都没有读过对方的基本著作,笛卡儿的《论世界》没有发表,费马也不愿意将自己的著作公开,两人几乎是在互不了解对方理论背景的情况下进行争论的,于是,误解就在所难免了。

第 6 章

形而上学的追求：《沉思》

　　形而上学是哲学中最重要的部分，它的研究对象是世界的
本质存在和最根本原理，因而成为其他一切哲学分支和具体科
学研究的基础。从哲学中分出形而上学，始自亚里士多德。亚
里士多德将关于"存在的存在"、关于超越可感对象的神的存
在、关于终极原因和原理的科学，称作"第一哲学"；公元 1
世纪，罗得岛的安德罗尼科（Andronikos）在编辑亚里士多德
的著作时，将有关这部分内容的著作排在物理学著作之后，命
名为"物理学之后"。在译成中文时，根据中国典籍中"形而
上者谓之道，形而下者谓之器"的说法，由我国近代翻译家严
复将它译作"形而上学"。

　　形而上学是笛卡儿毕生关心的论题。实际上早在 1628 年
10 月至 1629 年 7 月，笛卡儿在弗兰纳克尔时，就用拉丁文写
了一篇关于形而上学问题的"小论文"，但没有写完就放弃了
（遗憾的是，原稿没有保存下来）。这既与他当时对形而上学的

研究尚不深入有关，也与他慑于环境压力，不想冒犯宗教神学有关，因为他要想不根据《圣经》的教义来探讨神的存在和人的灵魂等形而上学问题，是很难不得罪神学权威的。所以，他那时暂将形而上学放在一边，一心扑在自然哲学上。当经过近十年的努力，在终于完成了《论世界》，发表了《谈谈方法》之后，他迫不及待地重新回到形而上学的论题上。因为他清楚地知道，如果不能建立牢固的形而上学基础，他的自然哲学，乃至他的整个哲学体系都是站不住脚的。

笛卡儿将哲学比作一棵大树，它的根是形而上学，干是物理学，枝是其他学科。形而上学是关于上帝的存在、属性、人的灵魂、最基本概念等方面的学问；物理学是关于宇宙的生成演化、各种物体的性质的学问。其他各门科学，笛卡儿只列出了三种，即医学、机械学和道德学。笛卡儿说，正如一棵树的果实不是从树根上得到的，也不是从树干上得到的，而是从树枝上采摘的，哲学对人的主要用处是在三门具体科学中体现出来的。而其中道德学以各门学科的全部知识为基础，是最高等级的智慧。至于研究哲学的顺序，笛卡儿几乎是以自己的研究经历现身说法。他认为，对于任何有正常思维能力的人，在研究之前应当首先形成自己的行为准则，然后应当研究逻辑，这个逻辑不是指经院哲学所用的三段论法，而是指指导我们发现未知真理的推理方法，这个方法特别适用于解决数学方面的问题。当经过锻炼掌握了运用这些方法的技巧之后，就可以进而研究形而上学和物理学。

除了建立哲学体系的需要之外，笛卡儿重新开始研究形而上学还受到其他两个因素的促动。一是在《谈谈方法》中，他为了看看读者对形而上学问题的反应，简略地谈到了与神和人的灵魂有关的问题，而围绕《谈谈方法》引起的激烈争论使他更清楚地认识到，用恰当的方法阐明形而上学问题已经刻不容缓。二是他在这时读到了英国哲学家爱德华·赫伯特（Edward Herbert）的《真理论》（De Veritate）。这部著作围绕真理问题展开，充满了形而上学的思辨，赫伯特因这本书而被誉为"英国的第一位纯形而上学家"。笛卡儿从梅森那里得到了这本书的法文本，并认真读了它，这对于很少读书的笛卡儿来说是非常难得的。显然，这本书的形而上学旨趣引起了笛卡儿的共鸣。后来我们看到，赫伯特在书中所用的"共同概念"一词被笛卡儿接受，用来指人们共同具有的先天概念。

如何来写这部形而上学著作？笛卡儿认为形而上学是哲学中最深奥的题目，研究形而上学不能靠想象，而要靠严格的推理；想象对于将数学推广应用是十分有益的，而对于形而上学思辨，它更多起到的是阻碍作用。在笛卡儿的时代，形而上学是与神学密切联系在一起的，要研究形而上学就不能不涉及与神和人的灵魂有关的问题，而这些问题恰恰构成了神学的核心内容。也就是说，如果笛卡儿要按照自己所坚持的"科学方法"，而不是从神学的角度阐述形而上学，就不可避免地要与正统神学发生冲突和碰撞，这是他在约十年前写"小论文"时就已经遇到的问题。而这一次笛卡儿不打算退缩了。为了使自己的研究"合法化"，他公开向神学家们表明自己采用科学方法研究形而上学的理由。他说，对于基督徒来说，他们仅凭信仰就可以相信上帝的存在和灵魂的不朽，可是对于不信教的人，如果不用与他们的自然理性相符合的论证来证明上帝的存在和灵魂的不朽，他们是不会相信的。因此，在有关上帝和灵魂的形而上学问题，我们应当根据哲学的理由来论证，而不是根据神学的理由来论证，才能取得最大效果。他强调，他在形而上学中采用的证明，如同几何学中的证明一样，是完全可靠和明确的，甚至比几何学的证明更可靠、更明确。

1639 年 1 月，当笛卡儿刚刚从与费马的争论中脱身出来，就决定开始他的形而上学写作，这时他正隐居在桑特普尔特（Santpoort）。1640 年 3 月，他的形而上学著作写成，名为《第一哲学的沉思，其中论证了上帝的存在和灵魂的不朽》（*Meditations de prima philosophia in qua Dei existentia et animae immortalitas demonstratu*，下简称《沉思》）。这部书是用拉丁文写的，而不是像《谈谈方法》那样用法文。笛卡儿对此解释说，虽然用法文可以使更多的普通读者阅读，但形而上学是深奥的学问，不是一般人所能理解的，如果用法文，将会使知识浅薄的人误以为形而上学是任何人都可以随便探讨的，这对他们没有什么好处。实际上，笛卡儿的真正意思是，用欧洲知识界通行的学术语言拉丁文，可以使他的著作国际化，使更多的学者了解他的思想。尤其是一些非法语学者对他几年前用法文写《谈谈方法》颇有微词，更促使他决定用拉丁文写他的形而上学。

《沉思》已经写成，但笛卡儿迟迟没有发表，一直拖延到1641 年 8 月才由米夏埃尔·索里（Michael Soly）在巴黎出版。这么长时间笛卡儿在干什么呢？原来，为了使这部书在学术上取得成功，同时又能保证自己的安全，笛卡儿忙着在做两件事：第一件事是委托梅森进行选择，将该书的印稿分发给一些"最博学的"学者，请他们提出反驳意见，然后由笛卡儿针对这些意见进行辩护，或对原文进行修改。另一件事是与巴黎大学神学院联系，求得他们对该书的正式认可。在梅森的帮助下，第一件事进行得很顺利。看过该书并寄来反驳意见的哲学家包括英国的霍布斯（Hobbes）和法国的伽桑狄（Gassendi）。霍布斯是为了逃避在英国的政治动乱而于 1640 年 11 月跑到法国的，是梅森小团体的成员。伽桑狄是主张复兴古代原子论的唯物主义哲学家，他提出的反驳意见十分尖锐，而且语言犀利、辛辣，常带有讽刺，这使笛卡儿颇感不快。在写出对伽桑狄的答辩后，笛卡儿甚至要求梅森在《沉思》正式出版前不要将他的答辩告诉伽桑狄，以免伽桑狄出尔反尔。提出反驳意见的还有许多神学家，其中的安托万·阿尔诺（Antoine Arnauld）是个青年人，后来成为著名的逻辑学家。笛卡儿对他的意见印象深刻，他是使笛卡儿对自己的著作作出改动的少数人之一。当然，对于神学家的选择，笛卡儿是很谨慎的，他要求梅森在《沉思》正式出版之前，决不可将他的书稿让"假神学家"或耶稣会士们看到。在该书出第一版时，笛卡儿共收入了六组反驳意见，并相应写了六组答辩，作为该书的组成部分。

笛卡儿要做的另一件事很不顺利。他之所以请求巴黎大学神学院对《沉思》的正式认可，完全是为了寻找保护伞，避免正统神学家，尤其是耶稣会士的攻击。因为巴黎大学神学院有较高的神学权威，与教会联系密切，而且对耶稣会持批评态度，甚至不给耶稣会士授予学位。在笛卡儿看来，巴黎大学神学院很可能会认可《沉思》中的思想，并对此抱以很大的希望。可是，事与愿违，巴黎大学神学院对笛卡儿的要求保持沉默，直到笛卡儿不顾一切将该书出版，也没有得到他们的片言只语。笛卡儿在失望之余不免耿耿于怀，他愤愤地说，他出版该书"不需要别人的同意，也从未要求别人同意"，"我早就知道世界上有一些蠢人，我对他们的判断毫无敬意，我为我用闲暇休息时间来考虑他们的判断而感到非常遗憾"。尽管如此，在该书发表时，笛卡儿还是将一篇献给巴黎大学神学院院长和神学权威们的致辞放在了该书的首页。在致词中，笛卡儿明确希望他们能宣布这本书中的思想是真实可靠的，并得到他们的保护。

1642 年 5 月，《沉思》在阿姆斯特丹出第二版，是用法文写的。笛卡儿对这一版做了许多改动。除散见在各处的文字改动外，鉴于在书中没有讲到灵魂不朽，笛卡儿将第一版题目中的"其中论证了上帝的存在和灵魂的不朽"改为"其中证明了上帝的存在和人的灵魂与身体的区别"；增加了法国神学家的布尔丹（Bourdin）的反驳意见和笛卡儿的答辩；最后附上了致迪内（Dinet）神父的一封信。笛卡儿说，第二版要比第一版更准确。

第7章

《沉思》: 普遍怀疑与"我思故我在"

一、普遍怀疑

在《指导心灵探寻真理的规则》和《谈谈方法》中，笛卡儿将很大精力用在阐明科学研究的方法上，他认为，正确方法的选择和确定是科学研究取得成功的前提条件。在他的方法论思想中有一个明确的宗旨，就是排除一切可疑的学说和意见，将科学研究建立在真正确实可靠的知识的基础上。他的这个思想在《沉思》的"第一个沉思"中进一步发展成一个普遍怀疑的方法论原则。

在西方哲学史上，怀疑主义并不罕见，古希腊的皮浪主义就是极端怀疑主义的典型代表。皮浪主义者认为事物是不可认识的，因此主张对一切事物都不做判断。但笛卡儿的普遍怀疑与古代怀疑主义的理论取向不同：古代怀疑主义的理论目的是要取消一切知识，否认人的认识能力，最终陷入极端相对主义和虚无主义；而笛卡儿的普遍怀疑，是为了达到真知识的必要方法，它的目的是要清除一切错误和虚妄的见解，发现真知识得以建立的可靠基础。笛卡儿说，普遍怀疑"可以让我们排除各种各样的成见，给我们准备好一条非常容易遵循的道路，让我们的精神逐渐习惯于脱离感官，并且最后让我们对后来发现是真的东西绝不可能再有什么怀疑，因此它的好处还是非常大的"。

可是，人们在一生中将许多错误的东西都当成真实的接受下来，包括各种各样的学说和意见，如果我们要一一证明它们的错误，那必定是一件没完没了的工作。因此，对于我们已经接受的东西，只要发现有一丁点可疑之处，都要把它们全部抛弃掉，就像它们是明显错误的东西一样。而且，我们没有必要对它们一一进行检查，只要检查它们所根据的那些原则就够了，因为如果原则错了，依据这些原则建立起来的东西也必定是错的，就好像一座高楼大厦，如果它的地基被拆除了，它的上层建筑也一定会倒塌。于是，笛卡儿着手证明哪些作为我们意见基础的东西是可以怀疑的。他的证明不是仅仅举出几个可疑的事例，因为要做到这一点很容易，但不能说明怀疑的普遍性。他的证明是要层层深入，像抽丝剥茧一样，最后达到普遍怀疑的结论。他的证明可以分为以下几个步骤：

第一步，由感觉得到的东西是可以怀疑的。人们最容易相信自己的感觉，即所谓的"眼见为实"。可是一经检查就可以发现，感觉是可以骗人的。比如，在对于距离遥远或比较模糊的事物上，感觉就容易欺骗我们：我们会把远处的一块石头误认为是一只羊；实际的太阳要比我们所见的大得多。这方面的例子和经验屡见不鲜，哲学家们也早就注意到感觉的不确定性和相对性，比如，半截插在水中的一根直棍，看上去是弯的；有病的人品尝甜的东西有时会觉得是苦的。这些例子都说明感觉是骗人的，因此，由感觉得来的东西是值得怀疑的。但这些例子还不能证明对感觉的怀疑的普遍性，因为在许多真切感觉到的事情上，感觉似乎并没有欺骗我们。比如，我现在坐在火炉旁，穿着长袍，手里拿着报纸，这些怎么可能是骗人的呢？如果我们连这些也怀疑，那岂不是疯了吗？针对这种观点，笛卡儿提出了进一层的证明。

第二步，睡梦的证明。诚然，我们可以有许多非常真切的感觉，可是，人是经常做梦的，在梦中我同样可以真切地感到我坐在火炉旁，穿着长袍，手里拿着报纸，而实际上，我正一丝不挂地躺在被窝里。不论我们怎样考虑这件事情，似乎都找不出确定不移的标记将我们的清醒和梦境清楚区分开来。我国古籍中有庄子梦为蝴蝶的故事：庄子搞不清楚，他是在梦中变为蝴蝶呢，还是他的一举一动只是蝴蝶所做的梦。笛卡儿这里所说与此是一个意思。这样一来，我们那些所谓的真切感觉不是也十分可疑了吗？笛卡儿的这个证明是从法国哲学家蒙台涅（Montaigne 1533~1592）那里借来的。蒙台涅在他的《散文集》（Essays）中用这个证明阐述了对感觉知识的怀疑。笛卡儿在拉弗莱舍耶稣会学院时曾经读过这本书。

人们也许还会说，虽然清醒与梦境不好区分，但从梦的内容看并不都是虚幻的东西，比如我梦中的身体、火炉、报纸，都是现实中有的，尽管梦境可以扭曲、虚构它们，但它们总有真实的成分可寻。而且，事物更基本、更一般的成分，比如它们的广延、大小、数量、形状、地点、时间等，都是真实的、实在的。正因如此，即使物理学、天文学、医学等都不可信，代数、几何等处理数目、形状等简单对象的科学不是仍然确实可信吗？因为不管我们是醒着还是睡着，二加三总是等于五，正方形总是有四个边，这些都是确凿无疑的真理，不会是可疑的或不可靠的。针对这一观点，笛卡儿又提出了如下证明。

第三步，上帝也可能会骗人。虽然人们相信有一个全能的上帝，他把我们造成现在这个样子，可是，我们怎么知道他不会欺骗我们呢？他完全可以让我们感觉到天、地、各种物体的广延、形状、大小、地点等这些东西，而实际上他根本就没有造出这些东西。而且，上帝完全可以让我们在二加三及数一个正方形有几条边这样的简单事情上弄错。既然这些都是可能的，那么，也就是说，在代数、几何等公认的精确科学中，也有可以怀疑的东西。

笛卡儿这里的假设是十分大胆的，他搬出上帝作为我们可能受骗的根据，是对神明的亵渎，也是宗教神学所不容许的。但这里，笛卡儿不是从信仰上，而是从理性上来考虑问题的，也就是说，从理性上考虑，作为一个假设，上帝骗人的可能性也是存在的，这里并没有逻辑上的矛盾之处。当然，笛卡儿不可能彻底坚持这一假设，因为他不可能公然违背宗教的信条。按宗教神学的说法，上帝是至善的，不会故意使我们犯错误，因为那违背了上帝善良的本性。笛卡儿也承认，以上帝是骗子作为我们进行普遍怀疑的理由是轻率的。可是，这是否意味着我们可以因上帝不会欺骗我们而不必对一切事物进行怀疑，也就是说，我们的怀疑不必是普遍的呢？笛卡儿对此断然否定。他又提出了一个新的证明。

第四步，恶魔的证明。既然出于崇高的信仰，我们不能认为上帝会欺骗我们，笛卡儿就假定有一个恶魔，这个恶魔的本领十分强大（不亚于上帝），他用尽一切伎俩欺骗我们。我们所知的天地万物，包括各种颜色、声音、形状，都是他用来欺骗我们的假象和骗局。我们本来没有血，没有肉，没有身体，没有任何感官，可是，恶魔却使我们误认为这些东西都是我们所拥有的。这样一来，由于恶魔的欺骗，我们因相信上帝的至善而保留下来的唯一一点确信也不复存在了。

这个证明是笛卡儿的首创，"笛卡儿的恶魔"也因此成为哲学史上的一个特定术语。虽然这个证明也有假设的性质，但它为笛卡儿的普遍怀疑提供了一种可能性，在笛卡儿看来，这种可能性对于证明怀疑的普遍性具有决定意义。

至此，笛卡儿完成了对普遍怀疑的合理性的论证，使他对事物的普遍怀疑有了一个理性的根据。如果我们对他的论证做一个评价，那么，它的缺陷是很明显的。这里可以指出两点，首先，他诉诸上帝和恶魔来完成他的论证，可是，上帝和恶魔本身的存在和性质就是需要证明的，因此，这里的论证是用未经检验的不可靠证据（假设）来进行的，既没有说服力，在逻辑上也说不通。其次，笛卡儿所怀疑的东西，包括所谓的天地万物，实际上是指他自己心中的感觉或观念，他没有区分心中的东西与客观实在的东西的界限。心中的东西或人的认识可能是错误的、虚幻的，但作为人的认识的原因或对象的外部世界是客观存在的，它是我们认识真理性的根据和保证。比如，外部世界实际存在的太阳是一个巨大的星体，我们心中的太阳影像却很小，我们不能因为心中的影像在大小上不真实，而否认太阳的实际存在和性质，而且这两者之间的差别是可以用科学的原理来解释的。对于这一点，作为科学家的笛卡儿是完全明白的。我们还记得，他在《论世界》中曾经规定了人类认识活动中的主客对立，并认为人的正确认识要符合客观世界的性质和规律，难道他现在的观点改变了吗？当然没有。问题是，在笛卡儿看来，他现在的任务是要证明怀疑的普遍性与合理性，然后通过这种怀疑找出能作为一切知识牢固基础的不可怀疑的东西，并在此基础上建立一个形而上学的体系，而他作为科学家所承认的客观世界，以及认识这个世界的正确途径，只能在这个形而上学体系的论证过程中得到阐明，因此，在论证普遍怀疑的可能性与合理性时，诉诸主观认识与客观世界的关系原理是没有任何帮助的。无论如何，我们必须认识到，笛卡儿的普遍怀疑不是目的，而是为达到清除错误、认识真理的手段。那么，笛卡儿通过普遍怀疑达到了什么不容置疑的真理呢？

二、"我思故我在"

通过普遍怀疑，笛卡儿将天地万物、我们的身体和感官的存在都排除了，可是，他发现有一件事是不可怀疑的，那就是"我在怀疑"这件事本身。当我在相信任何东西的时候，当我想到任何东西的时候，当我怀疑任何东西的时候，总之，当我在思想的时候，即使我思想的内容都是虚构的，都不存在，但这个进行思想的"我"却一定是存在的。因为若说一个东西在思想，而这个东西却不存在，那是一个明显的矛盾。笛卡儿也将这个"我"称作"自我"或"心灵实体"，它们是一个意思。"我思故我在"，这就是笛卡儿通过普遍怀疑而发现的不容置疑的真理。而且，即使那个无所不能、想尽一切办法欺骗我的恶魔也不能动摇这条真理的真实性：因为他欺骗我，恰恰说明我是存在的，不论他怎样欺骗我，他总不能使我成为什么都不是，否则他在欺骗谁呢？于是，笛卡儿将"我思故我在"当作他的哲学的第一条原理，当作他的一切哲学推理的起点。古希腊科学家阿基米德发现了杠杆定律，宣称只要给出一个支点，他就可以用杠杆移动地球，笛卡儿认为他的"我思故我在"命题就是他的哲学体系的阿基米德支点。

对于"我思故我在"命题的有效性，很多人提出了质疑。其中一个观点是，笛卡儿从"我思"到"我在"的过渡是不合法的。因为作为一个推理，这个推理的前提"我思"已经将"我"暗含于其中，因此从"我思"推出"我在"只不过是将前提中暗含的"我"展示出来，赋予它以存在的性质，这里对"我"的"存在"并没有提供新的论据，或者说，只不过是玩了一个语言游戏。后来，笛卡儿极力为这个命题的有效性辩护，声称这个命题不是推理出来的，而是"直觉"出来的，是一看就明白的。当然这个辩解也是软弱无力的，因为它仍然没有为从"思"到"在"的过渡提供合理的依据。

然而，在笛卡儿看来，"我思故我在"是十分清楚、明白的，没有任何含混和可疑之处。我们追求知识不就是要发现那些清楚、明白的原理吗？而"我思故我在"就是这样的原理，它是清楚、明白的，因此它就是真的，不可能有错误。于是，笛卡儿提出了一个辨别真理的普遍标准："凡是我非常清楚、非常明白知觉到的东西，都是真实的。"要注意的是，这个标准是理性主义的标准，而不是经验主义的标准，因为笛卡儿所说的"清楚、明白"不是在经验或其他感性活动的意义上说的，而是指理性思辨的结果，是不依赖于经验的证据，完全通过"理性的直观"得来的，是我们的"精神本性"使然。比方说，对于一个三角形的性质，即它由三个边组成，它的三个内角的和等于两个直角的和，我们可以清楚、明白地领会，因此都是真的。后来，"清楚、明白"就成为斯宾诺莎、莱布尼茨等近代理性主义者共同接受的真理标准，尽管他们对何为"清楚、明白"的解释有所不同。

笛卡儿用"我思故我在"确定了"我"的存在，在他看来，下面更重要的任务是要确定"我"的本性是什么。如果这个问题弄错了，而后的一切哲学推理也不可能正确。为了确定"我"的本性是什么，笛卡儿同样采取了普遍怀疑的方法，将以往有关的种种观点一一排除掉，而其中最重要的、也是人们通常接受的一个观点是将人的身体看作人的本性。笛卡儿认为，人的身体由头、四肢、骨骼、肌肉等组成，它们具有一般物体的形状、广延、运动等性质，它还可以有视、听、味、嗅、触等感觉。可是，身体的这些性质对于"我"都不是确凿无疑的，因为无论如何，那个骗人的恶魔完全可以在这些方面欺骗我们，比方说，他可以欺骗我们有一个身体，而实际上我们根本没有这样的身体；他可以欺骗我们看到了红的颜色，实际上根本没有或根本不是那个颜色。那么，对于"我"来说，什么是"我"必不可少、确凿无疑的东西呢？笛卡儿认为是思维，因为只有思维永远不能和"我"分开：只要我在思维，"我"就是存在的，如果我停止了思维，"我"也就不存在了。于是，他说："确切而言，我只是一个在思维的东西，也就是说，是一个心灵或灵魂，或一个理智，或一个理性。"笛卡儿所用"思维"一词是广义的，不单指理性思维，而是包括怀疑、理解、肯定、否定、意愿、想象、感觉等各种精神活动在内。他还将各种具体的精神活动称作"思维"的不同"方式"或"样态"。这些"思维"活动也许并不是准确无误的，但我在进行"思维"这件事是不容置疑的。比方说，即使我看到的红色可能是假象，但我在从事"看"的感觉活动时，即我在思维，总是千真万确的。因此，"我"的本性正在于"思维"。

由此，笛卡儿还做了另一个推论，即比起物体性的东西（人的身体也是物体）来，作为人之本性的思维更容易被人所认识。他举了个例子：比方说一块蜡，它有特定的形状、硬度、颜色和气味等。可是，当把这块蜡放在火炉旁，它就逐渐发生了变化：味道消散了，颜色改变了，硬度变软了，形状由固态变成了液态等，它已经面目全非了，甚至我们想象它会是什么样都很难，那么，它还是那块蜡吗？对此，感觉和想象都无能为力，只有我们的理智能领会它，通过思考，我们可以断定变化后的东西就是原来的那块蜡。于是，笛卡儿指出，物体（比方说这块蜡）的性质是很难确定的，而在认识物体的过程中，我的"思维"本性却清楚显现出来了：因为，即使我所认识的物体发生了变化，甚至我不知道它到底是个什么东西，可是，我在感觉它、思考它，也就是说，"我在思维"这一点却是十分明显的。他因此断言，对人的"思维"本性的认识要比认识其他物体的性质容易得多。

笛卡儿通过"我思故我在"确立了人的精神本质，把人的物质存在排除在外，用他的话说就是，"除了我是一个精神之外，我什么都不承认"。他的这个观点引起了唯物主义哲学家的激烈反对。霍布斯在对《沉思》的反驳中指出，说我是在思维的，因而我是一个思维，或者说，我在运用理智，因而我是一个理智，这样的推理是不恰当的。这就如同说，我在散步，因而我是一个散步一样不恰当。笛卡儿的错误在于把进行思维和思维本身当成一回事了，而正确地理解思维和进行思维的东西是完全不同的。霍布斯进一步指出，一个在思维的东西必定是物质性的东西，因为只有将一切行为的主体看作是物质的，才能被理解。伽桑狄在对笛卡儿的反驳中也指出了笛卡儿否认一切肉体的作用，将"我"归结为精神的荒谬性。他讽刺说，既然是这样，那就不用直呼笛卡儿其名，只称他为"精神"好了。后来，笛卡儿在答辩中也毫不示弱，鉴于伽桑狄将心灵看作是物质性的东西，笛卡儿在提到伽桑狄时，反讥地称他为

"肉体"。

尽管笛卡儿的"我思故我在"将"我"归结为精神性的东西是不正确的，但在哲学理论上，它有重大意义。首先，它强调了自我意识的重要性。笛卡儿所说的"我思"不是别的，是对自己内心精神活动的意识，是将自己的感觉、知觉、意欲、想象等作为认识和反省的对象。当笛卡儿从"我思"出发构建他的哲学体系时，他实际上将"思"或"自我意识"置于首要的、核心的地位，使它成为包括存在论在内的一切哲学讨论的基础和前提。在笛卡儿看来，对于人类认识，世界上一切东西都可能是假的，只有绝对的"思"不能是假的。因此，一切真知识归根结底都依赖于"思"，"思"由此获得了的"纯粹"和"本原"的意义，构成了一切知识真实性的基础。笛卡儿的这一观点对西方近代认识论研究有重大影响，不论在理性主义者那里，还是在经验主义者那里，都把人的意识作为认识论研究的基本内容。后来的康德在论证他的知识原理时，也特别借鉴了笛卡儿的自我意识概念，但与笛卡儿的自我意识区分开来。他认为笛卡儿的自我意识依赖于个人对自己内心活动的反省，因而它本质上是个体"经验的"，而他所说的自我意识是"先验的"，是对"感性直观的经验杂多"进行综合统一的先天能力，即他所谓的"统觉的原始的综合统一"，没有这种能力，人的任何知识都不可能实现。黑格尔也对笛卡儿的自我意识给予了高度评价，认为笛卡儿是近代哲学的真正创始人，因为他将思维确定为哲学的"绝对开端"，并以此将一切神学的论证和宗教的假定抛在一边，而近代哲学正是以思维为原则的。此外，在对自我意识的分析中，笛卡儿还强调了自我意识的"内在性"和"直接性"特征，用他的话说，自我意识包括"在我们之内，以致我们直接意识到的一切东西"。说自我意识是"内在的"，是因为它完全是心灵内部的活动，它只与心灵本身相关；说它是"直接的"，是因为它将由"思"引起，但与"思"无直接关系的一切东西，比如由意志引起的身体运动等，都排除在外了。笛卡儿的这一观点对后来心灵哲学和心理学的研究取向有很大影响，使诉诸内省成为一个重要的方法论选择，19世纪末欧美内省主义心理学的兴起就与这种方法的运用有密切关系。

其次，"我思故我在"确立了"我"这个思维主体的存在，它不依赖于包括人体在内的任何物质的东西，是唯一具有意识并能够从事认识活动的主体。而且，这个主体具有主动的活动能力，它是能动的，它可以充分自由地运用自己的各项功能进行创造性的认识活动。这样一来，笛卡儿就为近代认识论确立了一个"主体性原则"。这一原则的重要意义在于：首先，它将人的主体性放在人类认识活动的核心位置，从而使人的认识活动摆脱了宗教神学的束缚，为理性的自主解放开辟了道路；其次，它强调了认识主体的能动作用，一反当时机械论科学只承认物体在外物推动下运动的观点，将主体看成是本质上自主运动的，它不但能根据理性的规则进行周密的思考，还能通过想象进行能动的创造。也就是说，人的认识活动不是消极的、被动的、僵化的，而是具有积极的、主动的、创造性的因素。这样一来，辩证发展的思想就被引入了认识论，这是笛卡儿的巨大功绩。这种主体性原则对后来的认识论发展很有影响，康德通过对人类理性能力的分析，提出了"人是自然的立法者"的论断，就是这一原则的明显体现。

总之，笛卡儿的"我思故我在"包含着十分丰富的哲学含义，我们看到，他的普遍怀疑的方法原则、"清楚、明白"的真理标准、"我思"的自我意识、思维"自我"的存在、认识主体性的确立等，都在对"我思故我在"的论证中得到阐明。"我思故我在"不但如笛卡儿所说是他的哲学的起点，而且也成为我们理解笛卡儿全部哲学思想的基础。因此，每当人们谈到笛卡儿的哲学，都不能不提到这个言简意赅、寓意深刻的"第一原理"。"我思故我在"几乎成了笛卡儿哲学的同义语。不过，我们要记住，在笛卡儿那里，"我思故我在"的提出还只是他的哲学推理的第一步，它仅仅是开始，而不是终结。那么，接下来，他还要论证什么呢？

第 8 章

《沉思》：关于上帝存在和物质存在的证明

一、为什么要证明上帝的存在

确定了"我"的存在及其思维本性，只是完成了笛卡儿的形而上学体系的一小部分，因为如果他的论证到此为止，那么仍然停留在主观意识的范围内：所谓的"我"只不过是"精神""思维"的代名词，对于"我"之外的物质世界，还根本没有涉及。这个世界存在吗？是怎样存在的？如何证明？这才是作为自然科学家的笛卡儿真正关心的问题。他写的《论世界》《谈谈方法》等著作不就是要说明这个世界的本性是什么，按照怎样的规律运动吗？我们回想一下，他写作《沉思》的初衷，不就是要从知识大树的根基入手，为自然科学（物理学等）奠定形而上学的基础吗？而形而上学中最重要的内容之一就是证明外部物质世界的存在和性质。

如何证明外部物质世界的存在？直接从"我思故我在"出发进行推理是行不通的，因为"我思故我在"将人的认识完全限定在主观精神的范围内，不论"我"这个认识的主体，还是"思"的认识内容，都是精神性的，与物质没有任何关系，因此从"我思"或"我在"不能合理地推出物质的存在。笛卡儿必须找到一个能从精神的东西过渡到物质的东西的中间环节，在他看来，这个环节就是上帝。笛卡儿的意图是首先证明上帝的存在，然后通过上帝的万能来创造物质世界。用他的话说，就是"从上帝的存在的知识过渡到他的创造物存在的知识"。当然，从宗教信仰的角度来说，一位虔诚的信仰者可以不需要任何证明而相信上帝的存在，相信上帝创造物质世界的行为。如果是这样，笛卡儿完全不用对上帝和物质世界的存在进行证明，只要接受《圣经》的现成结论就行了（实际上，笛卡儿也从来没有否认上帝的存在），而那样一来，他就等于放弃了理性的探讨，他的哲学的力量也就荡然无存了。而这是与笛卡儿的研究目的相违背的。

笛卡儿将上帝的存在纳入哲学的议题，并进而证明物质世界的存在，还有一个重要的目的，那就是要从哲学上为自然科学找根据，他要借此证明自然科学对物质世界的研究是合理的，自然科学知识是真实的。如前所说，为了给知识寻找可靠的基础，笛卡儿主张对以往的一切知识进行怀疑，这里主要是指构成自然科学知识组成部分的感觉知识和数学知识。笛卡儿说，通过怀疑发现，本来我们觉得非常明显可靠的东西，比如天、地、星辰等通过感官所感觉到的万物，都是可疑的，因为这里我们清楚、明白感觉到的东西只是我们心中的观念和影像，而使它们在我们心中产生出来的东西，即它们的原因却是在我们心外的。于是，这里就出现了一个问题：这些在我们心外、引起我们内心的观念或影像的东西是否同这些观念或影像一样呢？也就是说，外在的原因与它在我们心中引起的结果是否一样呢？笛卡儿认为，我们必须承认两者之间是有区别的，比如前面提到的例子，一根直棍半截插在水中，这根棍子看上去是弯的。也就是说，即使我们根据清楚、明白的观念或影像作出的判断，也不能说这个判断是关于那些外部原因的，或与外部原因的样子相符合。同样，数学知识也不是完全确定的，前面已经说过，对于"二加三等于五"这样简单的算式，即使我们已经领会得清清楚楚了，但仍然可以设想上帝会欺骗我们，使我们在这样的问题上出错。笛卡儿认为，从信仰上我们可以相信上帝不是骗子，但对此需要证明：一方面我们要证明上帝是存在的，另一方面要证明他不是骗子，只有这样，才能通过上帝来保证我们清楚、明白获得的知识是真实的。

而且，在笛卡儿的时代，上帝的存在和性质从来是形而上学的重要论题，当时的任何一种哲学理论都直接或间接地与这个题目有关。因此，从哲理的要求来说，笛卡儿论证上帝的存在是毫不奇怪的，何况笛卡儿是一位小心谨慎、唯恐冒犯宗教神学的哲学家，如果在《沉思》这样一部全面的形而上学著作中没有证明或肯定上帝的存在，那也不符合笛卡儿的性情和对宗教神学的态度。于是，我们看到，在《沉思》的副标题中，笛卡儿特别指明"其中论证了上帝的存在"，似乎生怕人们没有注意到这一点。

　　笛卡儿关于上帝存在的证明十分复杂而烦琐，有时读起来令人生厌。虽然它的论证结论是错误的，但它毕竟是这位哲学大师的杰作，而且他又总是以擅长推理自居的。因此，如果我们耐下心来认真理解他的推理过程和论证依据，可以从中体会到他的思辨技巧，对我们现代读者也是一个有趣的思维训练。而如果读者对这部分内容不感兴趣，完全可以跳过去不读，只要知道笛卡儿论证上帝存在的目的一方面是为了满足他的信仰需要；另一方面，或对于他的哲学体系更重要的方面，是为了证明物质世界的存在，就足够了。

二、关于上帝存在的证明

　　在西方的宗教神学理论中，证明上帝的存在是最重要的论题之一，著名的宗教哲学家约翰·希克（John Hick）说它是"具有核心和主导性地位的问题"。在关于上帝存在的各种证明中，11 世纪的坎特伯雷大主教安瑟伦（Anselmus）提出的"本体论证明"和 13 世纪意大利经院哲学家托马斯·阿奎那（Thomas Aquinas）提出的"宇宙论证明"影响最大。

　　"本体论证明"不涉及经验事实，只着眼于概念的内涵和展开，它的论证原理可以简单表述为一个三段论推理，即：

　　大前提：被设想为至上存在的东西必定不仅存在于思想中，也存在于现实中；

　　小前提：上帝被设想为一个至上存在的东西；

结论：所以，上帝是实际存在的。

可以看出，这个论证完全是在概念的范围内兜圈子，没有任何客观实在的证据。如果将它的意思指明了，它无非是说：凡是我想象为真实存在的东西，它对我就是真实存在的；而这里的"真实存在"只对我的"思想"有效，对客观实在是无效的。因此马克思说，上帝存在的本体论证明只是无聊的"同语反复"。

与"本体论证明"不同，"宇宙论证明"是从现实世界的特征出发，根据这些特征推出作为终极实在的上帝必然存在。阿奎那分析了现实世界的五个特征，提出了"宇宙论证明"的五个"方式"，即：(1)从事物的运动推出第一推动者的存在；(2)从一系列因果关系推出第一因的存在；(3)从事物偶然的存在推出一个必然的存在；(4)从事物的不同等级推出一个最高的存在；(5)从自然事物的目的性，推出一个有理智的神圣设计者的存在。这五个证明借助的事实特征不同，但证明的思路是一致的，即从具体的经验事实推出超验的至上存在，或者说，从特定的结果推出终极的原因。因为事物的原因总是在先的，结果总是在后的，所以这个从结果推出原因的证明也被称作"由果溯因"的证明，或"后天的"证明。

我们在这里介绍"本体论证明"和"宇宙论证明"，是为了提供一个理论背景，使我们更好地理解笛卡儿关于上帝存在的证明。笛卡儿如何证明上帝的存在呢？他在回答荷兰神学家卡特鲁斯（Caterus）对《沉思》的反驳时说，要证明上帝的存在只有两个途径，一个是从上帝引起的结果上来证明，另一个是从上帝的本质或本性来证明。前者是在《沉思》的第三个沉思中阐述的，后者是在第五个沉思中阐述的。

关于第一个途径，又分为两个证明，即从"上帝"观念的来源进行的证明和从我存在的可能性进行的证明。我们可以看到，笛卡儿的这些证明从不同方面借鉴了上述"宇宙论证明"和"本体论证明"的某些原理，只是在具体论述上有所不同。下面我们分别介绍这两个证明。

从"上帝"观念的来源进行的证明。这个证明可以分为两个部分。第一部分通过对"思"的分析确定了上帝与某些"观念"的因果关系；第二部分在第一部分论证的基础上，从因果关系的性质对上帝的存在进行证明。第一部分是第二部分的铺垫和准备，是第二部分的证明所必不可少的。

为什么说第一部分证明是对上帝存在证明的铺垫和准备？我们知道，笛卡儿通过普遍怀疑发现"我思故我在"的原理，就是要以这个不容置疑的原理为起点，通过严格的推理，建立起一个真实知识的体系。可是，"我思故我在"仅仅表明"我"是一个思维主体，"我"的本性或"我"所具有的一切都是"思"，即各种各样的观念和在这些观念基础上的意志、情感、判断等活动，它们都是在我心内的，而现在所要证明的上帝却是在我心外的。显然，要证明上帝的存在，只在"我思"的范围内是不行的，必须将"我思"与"外在的"上帝联系起来，这里必须有一个由"内"向"外"的论题转换，否则我们从"我思"来论证上帝的存在就是不合法的。这就是笛卡儿在第一部分证明中所主要解决的问题。他的解决步骤大致如下：

第一步，笛卡儿对我们心中的观念作了分类。他认为，我们心中的观念有三种，一种是我们天生就有的，比如某些数学真理的观念；一种是外来的，是由外部对象引起的，比如，我们听到一个声音，这个声音是由存在于我们以外的某个对象引起的，这时，这个观念与这个外在对象有因果关系；一种是我们虚构的，比如美人鱼、飞马之类的东西都是我们用心中的观念通过不同的组合或结合虚构出来的。我们心中的"上帝"观念属于第二种，它是由某个外在的东西引起的。

第二步，笛卡儿对"外来的"观念进行分析，看看它们与引起它们的外在对象是否一样。他通过细致的论证表明，我们没有任何可靠的根据说这些"外来的"观念与引起它们的外在对象是一样的，甚至我们没有充分理由说这些外在的对象一定是存在的，因为我们对它们的领会往往并不是清楚、明白的，就像我们领会前面所说的蜡块那样，所以我们完全可以认为它们只是来自我自己内心，并不是在外界实际存在的。我们的"上帝"观念也是如此，在我们心中，"上帝"观念具有"至上、永恒、无限、不变、全知、全能、是万物创造者"的性质，而我们找不出任何证据来证明引起"上帝"观念的那个外在的东西也具有这些性质，甚至我们还不能确定这个观念是否一定是由某个外界的东西引起的。也就是说，即使我们心中有一些外来的观念，但对于引起它们的外界对象的存在和性质，我们没有可靠的证据。

第三步，既然不能确凿证明一个"外来的"观念与引起它的对象是一样的，也不能证明那个对象的存在，于是，笛卡儿提出另一个设想，即把"外来的"观念看作是引起它们的外部对象的"影像"，它们"表象"着外部对象。这里的"表象"是一个哲学术语，有"表现""表示"等意思，笛卡儿用它来指我们心中"外来的"观念（"影像"）根据与外在对象的某种相似性或对应关系而表现着外物。按照这种理解，我们心中"上帝"的观念就是引起它的那个外在对象的"影像"，它是从它所"表象"那个外在对象来的。

于是，在笛卡儿看来，关于上帝存在的问题就变成了这样两个问题：第一，我们心中的"上帝"观念是否意味着一定有一个引起它的外在对象？第二，如果有这样一个外在对象，这个对象是否具有我们心中的"上帝"观念所蕴含的"至上、永恒、无限、不变、全知、全能、是万物创造者"等性质？如果对这两个问题的回答是肯定的，上帝的存在就得到了证明。对这两个问题的回答及推论，构成了笛卡儿关于上帝存在证明的第二部分。笛卡儿的论证步骤如下：

第一步，为回答第一个问题，笛卡儿借用了一个自古代就为哲学家们所公认的一个原则"无中不能生有"，他认为这个原则是真实可靠的。根据这个原则，我心中的任何观念都是由某个原因产生的，没有任何原因的观念是不可能的。但有些观念是由我们自己产生的，或至少我们可以设想它是由我们自己产生的，比如颜色、声音、冷热等观念。而还有一些观念是由外界的原因产生的，"上帝"观念就是这样的观念。"上帝"观念为什么不能如颜色、声音那样由我们自己产生出来呢？这是因为，我们的"上帝"观念是关于一个"至上、永恒、无限、不变、全知、全能的万物创造者"的观念，而我们自己，即我们这个"思维主体"是有限的，"上帝"观念的无限性远远超出了我们自己的有限性，根据"无中不能生有"的原则，"上帝"观念中超出我们有限性的部分肯定是由我们之外别的东西产生的，或由它"放在"我们心里的。

第二步，为了回答第二个问题，笛卡儿又借用了"原因中的实在性必定大于或等于结果中的实在性"的原则，他认为这个原则也是真实可靠的。这个原则是什么意思呢？它指的是，在有因果关系的事物中，结果的性质和程度至多与原因一样，绝不可能超过原因。比如火烧热了石头，石头的热度绝不可能超过火的热度。根据这个原则，我心中的"至上、永恒、无限、不变、全知、全能的万物创造者"的"上帝"观念，不可能是我这个有限的东西产生的，一定是由实际具有这些性质，或超过这些性质的无限的东西产生的。

第三步，在上述两步论证之后，笛卡儿就可以将他关于上帝存在的证明概括出来了：

因为：（1）我有一个"上帝"的观念；

（2）这个观念一定有一个原因，或者说，这个观念是这个原因的结果；

（3）这个原因的实在性一定大于或等于其结果的实在性；

（4）我的"上帝"观念是关于一个"至上、永恒、无限、不变、全知、全能的万物创造者"的观念；

（5）这个观念一定是由同样具有或超过这些性质的原因产生的。

所以，上帝是存在的。

从"我"存在的可能性进行的证明。"我思故我在"确定了"我"的存在，我们关于上帝的一切思考都是由这个"我"进行的，如果这个"我"可以不依赖于上帝而存在，那就意味着根本没有上帝这个"全能的"造物主。笛卡儿设想了"我"不依赖于上帝而存在的几种可能性，并将它们一一排除，从而得出"我"一定是上帝创造的，因此他一定存在。笛卡儿的证明大致如下：

（1）"我"不能依靠自己而存在。因为如果"我"是由"我"自己造成的，那就意味着"我"所需要的东西完全可以由"我"自己提供出来，"我"就是十分完满的，什么也不缺，那么，"我"岂不就等于是上帝，我为什么还要普遍怀疑，还要有各种诉求和希望呢？显然"我"不是依靠自己而存在的。

（2）"我"不是因父母而存在的。即使我们相信父母生了"我"，可是并不等于他们在生了"我"之后还继续保持"我"的存在。而且，"我"是什么？"我"只是个"精神"。父母生的是肉体，并不是"我"这个"精神"，"我"只不过是被关闭在这个肉体里罢了。因此，"我"不可能是因父母而存在的。

（3）"我"不可能因其他非完满的原因而存在。这个道理如前所述，原因的实在性一定大于结果的实在性，因此，具有完满的上帝观念的"我"不可能由不完满的原因所产生。

（4）由上述得出结论：既然具有"上帝"观念的"我"不能由任何其他原因产生，那么，一定是由上帝产生的。上帝在创造"我"的时候，把"上帝"这个观念放在我心里，"就如同一个工匠在他的作品上刻上他的标记一样"。

上述的两个证明都借助了因果关系的原理，笛卡儿对此类论证的思路做了一个总结，他说："我在这里用来证明上帝存在的论据，它的全部效果就在于我认识到，假如上帝真不存在，我的本性就不可能是这个样子，也就是说，我不可能在我心里有一个上帝的观念。"笛卡儿进一步断言说，因为我心里的上帝观念是完满的、没有任何缺陷，而骗子是一种不完满和缺陷，所以，那个实际存在的上帝一定不是骗子。

从上帝的本性或本质来证明（本体论的证明）。这个证明是笛卡儿所说的证明上帝存在的第二个途径。这个证明的思路与前面介绍的安瑟伦主教关于上帝存在的本体论证明相似，因此，在西方哲学史上往往将笛卡儿的证明与安瑟伦的证明相提并论，都称作本体论的证明。而笛卡儿则将自己的证明称作从上帝的本性或本质进行的证明。笛卡儿的证明并不复杂，其论证步骤如下：

（1）在本性上，上帝具有一切完满性；

（2）完满性必然包括存在性，否则就是不完满；

（3）因此，上帝是存在的。

笛卡儿认为这个证明是根据上帝的本性来进行的，它说明，上帝的存在与上帝的本性是不可分的，正如一座山的观念与一个谷的观念不可分一样：谁能想象出没有山的谷，或没有谷的山呢？他还将此原理与数学概念相类比，当我们想到一个三角形时，就会想到它必然有一些确定不变的性质，如它由三条直线组成，它的三个内角的和等于两个直角的和等，我清楚、明白地认识到这些性质是必然属于三角性的，同样，在我们领会上帝的时候，必然领会他具有存在性，"有什么事情比有一个上帝，单单在他的本质里就包含存在这件事更明显的呢?"

前面在介绍安瑟伦的本体论证明时，我们已经指出了它的缺陷，这一缺陷也适用于笛卡儿的证明，也就是说，它实际上是同语反复，是在概念的范围内兜圈子，根本没有涉及事物的实际存在。后来康德从"存在"一词的作用上对本体论证明进行了批判，很有影响。康德认为，"存在"不是一个谓词，因此它不能赋予上帝以存在性。这里所说的谓词是指描述事物性质的词，比如，"是红色的""是圆形的"之类的词。谓词赋予事物以某种性质，因此给事物增加了某些东西。当我们说"苹果是红色的"，就赋予了苹果以"红色的"性质，即在苹果的概念上有所增加。而"存在"起不到谓词的作用，当我们说"某物存在"的时候，没有给它增加任何东西。因此，康德说笛卡儿试图从概念本身来证明上帝的存在是"白费力气"，就好像一个商人为了增加财富而在他的现金数目上添上几个零那样可笑。如果读者对康德的论证感兴趣，无妨亲自读一读康德的《纯粹理性批判》，那里有精彩的论述。

三、关于物质存在的证明

如前所说，笛卡儿证明上帝的存在，一个主要目的是为了证明物质世界的存在。他认为，当上帝的存在得到证明之后，我们就得到了两个最重要的论证前提：一是一切事物的存在都取决于上帝，上帝是万物的造物主；二是上帝不是骗子，因为上帝是完满的，完满的东西不可能欺骗。由上帝不是骗子可以得出这样的推论，即上帝可以保证我们清楚、明白领会到的东西是真的，他不会既让我们清楚、明白地领会一件事情，却又把它弄成假的。于是，在笛卡儿看来，要证明物质的存在，就要看我们是否能清楚、明白地领会物质的东西，如果能，那么，根据上述两个前提，就可以断定物质是存在的。

笛卡儿从以下几方面证明我们能清楚、明白地领会物质的东西。首先，几何学的对象是物质的东西，通过几何学的论证，我们可以清楚、明白地领会物质的东西，比如圆的东西、方的东西，以及各种东西的大小比例等。因此，这些物质的东西是可以存在的。何况凡是我们清楚、明白领会的东西，上帝一定有能力造出来，物质的东西也不例外。在这里，即在对几何对象的思考上，我们的想象功能和理智功能是有差别的，而根据这种差别也可以说明物质的东西的存在。比方说，当我们用理智来思考一个三角形时，我们领会它是一个由三条线组成的图形，而当我们用想象来思考三角形时，我们会在想象中将三条线真切地呈现出来。当我们思考的是一个千边形时，理智与想象的区别就更明显了。通过理智我们可以很容易地"理解"一个千边形是怎么回事：它是一个有一千个边的图形；而我们很难清楚"想象"一个千边形是什么样，甚至根本做不到。为什么理智与想象会有这样的差别？就因为理智活动是面向我们精神自身的，考虑的完全是我们心中的观念，它不需要模糊的物体形象的参与，因此总是清楚的、精确的；而想象则总是转向物质性的东西或一个物体，我们在想象的时候总要涉及物体的形象，因此我们的想象往往是模糊的、不精确的，尤其在想象千边形那样的复杂物体时更是这样。正由于我们有想象的功能，它是专门用于物体上的，所以我们可以断定物质的东西或物体是存在的。

其次，从感觉方面看，虽然感觉经常是骗人的，但我们总可以感觉到我们有一个身体，有头、手、脚等，可以感觉到身体处于其他物体中间，可以从周围物体上感到内心的愉快和痛苦，以及喜、怒、哀、乐、欲望等各种情绪；我们还可以感觉到物体的广延、形状、运动等性质，以及声音、颜色、气味、滋味等，使我们能将各种物体区分开来。而且，我们是否得到这些感觉是不以我们的意志为转移的，只要有什么东西呈现于我们的感官，我们就能得到相应的感觉，我们不想得到它也做不到；反之，如果没有什么东西呈现于我们的感官，我们想得到相应的感觉也得不到。所有这些都使我们合理地相信，我们感觉到了一些与我们的思维完全不同的东西，即产生这些感觉的物体。

再次，由上所说，我们可以合理地相信有一种物体，即我们的身体，是密切属于我们的，我们在身体上感受到了一切欲望和情感。虽然对于我们的身体与我们感觉到的欲望和情感是如何联系起来的，我们不得而知，但我们在这里毕竟清楚、明白地领会到一个与精神不同的身体（物体）的存在。根据前面确定的原理，只要我们清楚、明白领会的事情，上帝就可以造出来，也就是说，上帝完全可以保证我们身体的存在，并将它与精神分开。而且，尽管上述证据都不表明我们直接认识到物体的存在，或者说上帝并没有让物质的东西直接呈现给我们，可是，上帝却给我们一种强烈倾向，使我们相信物质的东西的存在，而上帝不是骗子，他不会在这件事上欺骗我们，因此我们只能得出这样的结论：物质的东西是存在的。

最后，即使在许多事情上我们的感觉是靠不住的，比如实际存在的太阳远不是我们所见的那么小，但上帝不是骗子，他一定在这些事情上给我们提供了纠正这些错误的认识方法，那就是诉诸自然及其规律。笛卡儿的意思是，克服人类认识（尤其是感觉认识）的错误和局限性，必须依靠自然科学，自然科学是我们认识物质世界及其规律的有效方法。自然科学告诉我们，我们有肉体，我们的精神与它紧密结合，我们的身体周围还有其他许多物体，使我们产生各种不同的感觉，作出不同的行为选择。值得注意的是，笛卡儿在这里也没有忘记搬出上帝来为他的自然科学保驾护航，他说："我所理解的自然不是别的，就是上帝本身，或上帝在他的创造物中确立的秩序或安排。"这样一来，所谓的自然科学无非就是对上帝及其制定的自然规律的认识。于是，通过上述步骤，笛卡儿不但证明了物质的存在，而且也证明了自然科学的合法性。这多少暗含着笛卡儿对自己的科学研究的辩白，也就是说，他关于物质世界及其运动规律所做的一切研究和论述，都是天经地义的，丝毫没有违背宗教神学之处。

第 9 章

《沉思》：心身二元论

一、心身区别

我们不会忘记，除了证明上帝的存在以外，《沉思》的副标题提示的另一个任务是，要证明"人的灵魂与身体的区别"。虽然根据笛卡儿的安排，这一证明主要出在《沉思》中的最后一个沉思，但它却是在前面一系列推理的基础上进行的，因此必须从他的整个形而上学理论来理解。

人的心灵和身体有什么区别呢？首先，在我们的普遍怀疑面前，心灵和身体的地位是不一样的。通过普遍怀疑，我们将一切有关身体的概念和规定都看成是可疑的排除掉，而对于心灵却与此相反，因为，我们发现，不论我们如何进行普遍怀疑，"我在思维"这一点是不能怀疑的，因此，"我"这个进行思维的"心灵实体"是必然存在的。

其次，心灵的本质是思维，"我"不是别的，只是一个思想、一个灵魂，如果停止了思维，"我"就不存在了。而身体不是"我"的本质部分，没有身体，并不影响"我"的存在，我们可以设想自己没有身体，但不能设想我们没有心灵或精神。

再次，我们心灵的本质是思维，对我们来说，反思自身，也即进行自我意识，这是直接与思想相关的活动；从本质上说，我们的思维本身都是真的，即使是虚构的或模糊的观念，也都只真不假。而我们在思考我们的身体时情况却不是如此，因为身体是与心灵不同的东西，我们对身体的思考只能是间接的，需要借助于由感官引起的感觉等，而由此得来的认识往往是错误的、模糊的、不确定的。

最后，从本质上看，心灵和身体是完全不同的实体，它们的属性也不同。"实体"是西方古代哲学中即已使用的一个术语，亚里士多德用它指本质存在的东西；实体具有属性，是属性的载体或基质，属性从属或依附于实体。比如，苹果是一个实体，苹果的红色、香味、重量、硬度等都是这个苹果实体的属性，是依附于苹果的。笛卡儿关于"实体"的用法与亚里士多德的用法基本相同。他认为，心灵和身体是不同的实体，它们的属性也不相同：心灵的本质属性是思想，身体的本质属性是广延，而且两种属性是互相排斥的，绝不可能共同存在于一个实体中。用他的话说就是："我对自己有一个清楚、明白的观念，即我只是一个在思维而无广延的东西；而且，我对身体也有一个明白的观念，即它只是一个有广延而不思维的东西。"此外，笛卡儿还指出了心灵与身体的其他一些明显区别，比如，身体永远是可分的，而心灵是不可分的：我们可以将身体的一部分截去，可是我们不能将思维的一部分截去，心灵永远是作为一个思维的整体而存在的。而且，身体的一部分被截去后，并不能使我们的思维有丝毫损失。又比如，虽然有人说，大脑是思维的器官，可实际上，人的思维完全不依靠大脑也能进行。如果说，在进行感觉的时候大脑还有点用处，那么，人在进行纯思辨活动的时候，大脑一点用处也没有。由于心灵与身体可以完全分开，于是，可以很自然地引出一个推论：人的身体可以毁灭（特定物质结构的瓦解），人的灵魂却不会随着身体的毁灭而毁灭，人的灵魂是不朽的。笛卡儿的这个观点，无疑会受到神学家们的欢迎，因为灵魂不朽正是基督教神学的核心观点之一。

笛卡儿靠什么来保证他的上述论点是正确的呢？笛卡儿故伎重演，又搬出了他的"清楚、明白"的真理标准和万能的上帝。他说，我们能够不涉及任何身体就清楚、明白地理解什么是心灵，我们也可以不涉及任何心灵就清楚、明白地理解什么是身体，因此心灵和身体是不同的，因为只要我们能够清楚、明白地领会一个东西而不涉及另一个东西，那就完全可以确定它们是不同的。上帝的作用就更直接了，同上帝能保证物质东西的存在一样，上帝也完全有能力将心灵与身体分开，使它们互不相干。

至此，笛卡儿将心灵与身体完全区分开来了，这就是他的心身二元论观点。鉴于他对心身的区分是在实体和属性两个层面进行的，因此，为研究方便，人们也常把他的观点分别称作实体的二元论和属性的二元论。

二、心身结合

有人会问，当我们将心灵与身体区分开来，将人的本质归结为思维，难道我们对人的理解就万事大吉了吗？显然不是。因为我们每一个人都亲身体验到，我们不但有思想，还有身体，而且我们的心灵与身体是紧密结合的，两者互相作用、互相影响，比如我们可以按照自己的意愿随意支配我们的身体，外界物体对身体的刺激可以引起我们的不同感觉和情绪，这样的例子不胜枚举。如果按笛卡儿所说，心灵和身体是互不相干的实体，它们的属性根本不同，那么，它们的紧密结合和相互作用如何进行呢？

笛卡儿完全承认心灵和身体是紧密结合、相互作用的，他也充分意识到说明这个问题对于理解人的本性的重要意义。他早在《谈谈方法》一书中就明确指出，心灵与身体是紧密结合在一起的。在《沉思》中，他又重提这个观点，认为只有承认这一点，我们才能理解人何以有欲望和情感，才能理解什么是真正的人。古代哲学家柏拉图和亚里士多德曾将心灵与身体的关系比作舵手与船的关系，舵手坐在船里，指挥船的航行。笛卡儿借用了这个比喻，但他不同意古人的观点，认为舵手与船的关系是外在的，舵手只是通过观察船的航行情况，然后作出判断，对船进行操纵，而心灵与身体的关系不是外在的，它们是紧密结合在一起的，就像一个整体一样。如果将心灵与身体的关系理解成外在的，我们就不能理解为什么当身体的某个部分受到伤害，我这个思维主体马上就会感觉到，而不需要像舵手观察船受损的状况那样，先对损害进行观察和思考，然后再作出判断。

如何在不破坏心身二元论基本结构的情况下说明心身结合与相互作用，对笛卡儿是一个严重的挑战：如果不能满意地回答这个问题，那就证明他的心身二元论是有严重缺陷的，因为它不能说明人类生活的一个重要现象。笛卡儿的办法是跳出纯形而上学的思辨，诉诸他所熟悉的生理学原理和他擅长的科学假设。笛卡儿首先强调，不能因为承认心身的结合，就以为精神离不开身体，身体离不开精神，因为它们的结合不是两者性质上的"统一"，而只是一种"组合"或"混合"，心身的二元对立并没有改变。然后，笛卡儿指出，心身之间的作用是双向的因果作用，即精神的活动可以引起肢体的活动，外界事物对身体感官的刺激可以引起精神上的变化。但这种作用的发生不是直接的，而是以身体中的元精为中介。"元精"（animal spirits）是笛卡儿从经院哲学那里借来的一个词，指血液中产生的一种物质精华，它是非常稀薄的液体，就像一股精细的风和一团纯净的火，它可以在精神的"规定"下不断地从心脏流向大脑，从大脑通过神经钻进肌肉，使肌肉发生运动，而神经和肌肉的不同构造，使肢体的运动呈现出多样性。同样，外界物体对感官造成的刺激，也在元精的输送下传递到大脑，对人的灵魂发生影响，产生不同的感觉、情感和情绪。

可以看出，笛卡儿的说明只是在当时对人类神经生理活动缺乏基本了解的情况下，根据机械力学原理所做的一些假想和猜测，毫无科学可言。而且，他的说明与他自己的二元论主张很难协调。比方说，在他所说的心身相互作用中，起关键作用的是元精，而元精是物质性的东西，是血液中的精细物质，根据笛卡儿的规定，它的本性必定是广延，与精神没有任何关系，那么，这个广延的东西如何跨越它与精神之间的鸿沟，将心灵和身体联系起来，仍然没有得到说明。因此，不论笛卡儿的说明如何精巧细致，它仍然是不成功的。虽然笛卡儿的说明失败了，但他给后来的哲学留下了一个永恒的话题，那就是如何理解心和身、精神和物质之间的关系。围绕这个话题，产生了各种各样的解决方案。

三、笛卡儿心身二元论引起的反响

在笛卡儿之前，哲学家们在处理心身关系问题时，不论强调的是心身的哪一方面，都有一个本体论的预设，即心身是统一的，根据不同观点，这种统一的基础可以是物质，也可以是精神，或者是神意。因此在处理心身关系问题时，似乎没有遇到严重的困难。但当笛卡儿的二元论将心身截然对立起来，就使心身的统一和相互作用问题凸显了出来。当时和后来的一些哲学家为克服笛卡儿的二元论困难和解决心身关系问题作出了许多尝试，我们简要介绍以下几种观点：

偶因论。这是笛卡儿的追随者格林克斯（Geulincx 1624～1669）和马勒伯朗士（Maleblanche 1638～1715）提出的理论。

他们承认笛卡儿所说的心身是不同的实体，也不否认身心之间存在着互相联系的现象，比如心里想使手臂运动，手臂就可以运动；人用眼看，就会看到不同的物体和颜色。但他们认为，这并不表明心的活动是肢体活动的真正原因，也不表明外界物体是引起视觉的真正原因，造成这些现象的真正原因是全能的上帝，是上帝使人心有了运动手臂的想法，并使手臂运动起来；是上帝使物体的影像出现在人的视野中，使人看到物体的形象和颜色。在此意义上，心的活动或物体出现在人的视野中，只是手臂运动或人看到物体的形象和颜色的偶然原因或"偶因"。这就像两座钟表协调运动，两者之间并无相互作用，都是由同一个钟表匠操纵的。

偶因论是为挽救笛卡儿的二元论提出来的，它将心身之间的作用看成是外在的，由上帝操纵，因此不能说明心身内在关系的科学问题。在哲学史上，这个理论的主要意义不在于它本身有多么深刻，而在于它为后来一些观点提供的借鉴。它关于两个钟表的比喻具有很强的理论象征意义。

心身平行论。这个理论是由斯宾诺莎提出来的。斯宾诺莎首先取消了笛卡儿关于心灵实体与物质实体的二元对立，而保留了思想和广延两种属性的二元对立。他认为，心是由思想（观念）构成的，身就是特定的广延，所谓的心身关系就是思想这个属性与广延这个属性的关系。思想和广延是完全不同的，它们之间没有从属或因果作用的关系，"身体不能决定心灵，使它思想，心灵也不能决定身体，使它动或静"。一连串思想的因果系列与一连串广延（物体）的因果系列是按照一定的规则相互对应、并行不悖的。这就是所谓的心身平行论。心身平行论的理论动机是要在保持心身根本区别的前提下说明心身之间的联系，而同时又要避免用因果作用来说明心和身之间何者决定何者的棘手问题。这个观点并没有从根本上克服笛卡儿的二元论，只是改变了它的形式。

还要提到的是，斯宾诺莎不把心灵和物质当作实体，而把神，即他所说的"自然"当作实体，把思想和广延当成神这个唯一实体的两个属性，而由这个实体决定这两个属性的存在、必然性和本质。这样一来，思想和广延的关系，心灵和身体的关系，就成了神这同一个实体的两方面的关系。因此，斯宾诺莎的这个理论也被称作心身关系的"两面论"（double-aspect theory）。

"预定和谐"论。这个理论是莱布尼茨提出来的，与他关于世界结构的理论有关。莱布尼茨认为，包括心灵和身体在内的整个世界都是由独立自主、自身封闭的单子构成的，各个单子根据各自内在的原则而发展，各单子之间，从而使心灵和身体之间没有任何联系和相互作用。但上帝在创造世界时已经为单子设定了和谐的活动，每个单子都是反映整个宇宙的一面镜子，并以这种方式实现了各个单子之间的普遍联系与和谐统一。这样心身就处于与整个宇宙相和谐的联系和统一关系中。莱布尼茨也把这种关系比作两座同步运转的钟表，只不过它们的运行是事先由上帝设定好了的。所以，如果不考虑上帝的作用，莱布尼茨的"预定和谐"论实际上也是一种平行论。

不论是斯宾诺莎的平行论，还是莱布尼茨的"预定和谐"论，都必须借助一个超越于心身的至上存在，即神的作用，因此不能满足科学研究的需要。而且它们也很难与人的经验协调起来。比方说，根据经验，人并不总是在思维，在睡眠、昏厥等情况下，思维会中断，而这时很难想象与思维同步的身体活动也停顿下来。

上述三种理论都否认了心身之间直接的相互联系和作用，因此也是二元论的，但与笛卡儿仍然承认心身之间相互作用的观点不同。于是，人们又根据心身之间是否相互作用将二元论分为两种，一种被称为"相互作用论"（interactionism）的二元论，一种被称作"平行论的"（parallelism）二元论。对这一区分有一个经典的比喻。前一种二元论的心身关系相当于一幢房屋与它的自动空调机的关系，两者是相互作用的：房屋温度上升，引起空调机工作，空调机的工作又将房屋温度降到某一水平。后一种二元论的心身关系相当于房屋与屋内温度计之间的关系，房屋温度上升，温度计水银柱升高，但水银柱升高并不影响房屋温度，这是一种单向作用关系；更极端的平行论者认为心身之间连这种单向关系也没有，而是像火车轨道一样，两轨永不相接。

"存在就是被感知"。要反对心身二元论，可以有两种选择，要么将心身统一于精神，要么将心身统一于物质。英国哲学家巴克莱（Berkeley）主张前者。他认为，我心中具有各种观念，进行各种心理活动，这说明心灵实体的存在是不容置疑的，它的本质是精神。而凡是我想到的任何物质东西的存在都离不开我的感觉，它们只不过是我的感觉观念的复合，比方说，一个苹果只是某种"红色""硬度""香味"等观念的复合。于是，他提出了"存在就是被感知"的著名论断。他进而断言，世界上只有心灵实体的存在，没有物质实体的存在，一切物质都是"虚构"。巴克莱试图将一切物质的东西和心身关系都归结为"自我"的存在和活动，是十分荒谬的。法国唯物主义哲学家狄德罗（Diderot）形象地称巴克莱的"自我"就像一架发疯的钢琴，以为全世界的和谐都发生在它身上。巴克莱的观点是一种极端唯心主义的观点，也被称作"唯我论"。

"物质可以思想"说。洛克是主张用物质来统一心身关系的哲学家。他接受了笛卡儿关于物质实体和精神实体的二重划分，但对笛卡儿的二元论提出了质疑。他认为，就我们的认识能力而言，我们对实体的本质是不知的。我们只根据我们的观念知道物质实体有广延、形状、固体、运动等属性，精神实体有思维、推理、怀疑、意欲等属性，我们不知道两者是如何联系的，但这并不意味着我们必须接受笛卡儿的心身二元论，因为我们完全可以设想物质能够思维。他自知对此提不出确凿的证据，但他借用了笛卡儿的办法，让上帝来保证物质具有思维的能力。他说："我们不难构想，如果上帝愿意的话，他可以给物质加上别的有思想能力的实体；我们同样不难构想，如果上帝愿意，他也可以给物质加上思想能力。"

洛克的这一设想在法国唯物主义者那里发展成明确的唯物主义学说。比如主张"人是机器"的拉美特里认为物质是唯一的实体，心理事件是由人身体的活动引起的。爱尔维修（Helvétius）、狄德罗、霍尔巴赫（Holbach）等人都认为思想是物质的产物，是人脑的属性，捍卫了唯物主义的物质统一性。

不足的是，他们的观点都有明显的机械论特征，试图用低级的机械运动规律来说明高级的神经生理活动。在他们看来，意识归根结底只不过是复杂的机械活动。皮埃尔·卡巴尼斯（Pierre Cabanis）甚至认为，思想是大脑的产物，大脑分泌思想就像肝脏分泌胆汁一样。

"经验一元论"。笛卡儿认为对一切事物都可以怀疑，只有"思"的存在是不能怀疑的。经验主义者将这个"思"归结为经验，进而把经验看成是我们一切知识的来源。于是，有些经验主义者认为，既然我们的一切知识都来自经验，那么，除了我们的经验以外，我们没有任何心灵实体和物质实体的知识，它们只不过是经验的产物。在他们看来，根据对经验的这样一种理解，就可以一劳永逸地回避或解决了心身关系的问题。这种观点我们可以统称为经验一元论，尽管它有不同的表现形式。

最先提出这种观点的是英国哲学家休谟。休谟认为，我们的一切知识都来自经验，我们既没有物质实体的经验，也没有心灵实体的经验。因此，如果彻底坚持经验主义，我们就没有理由断定任何实体的存在。那么，我们的意识主体或心灵是什么呢？休谟认为，它无非是我们通过联想联系起来的一束知觉，是一串前后接续、不断出现的知觉流。休谟的观点也被称作"知觉束"理论，或"无头脑"哲学。

奥地利哲学家马赫（Mach）追随休谟提出了"经验要素论"。马赫把颜色、声音、压力、温度等感觉称作世界要素，认为一切物理的东西和心理的东西都是这些要素的不同依存关系。比如，一种颜色的要素与光源的要素相依存，就是物理现象；同样的颜色要素与眼网膜的要素相依存就成了心理现象。所谓物体就是表现为物理现象的感觉要素的比较持久的复合；所谓自我就是表现为心理现象的感觉要素的比较持久的复合和在记忆中的延续。因此，世界上并没有物质实体和精神实体，也不存在两者之间的对立，而只有被看作一切物理现象和精神现象的组成"要素"的感觉经验，所谓的物体和自我等概念只是为了科学研究的"方便"和"实用"而虚构出来的。

美国实用主义者威廉·詹姆斯（William James）的"纯粹经验论"也是这样一种理论。他认为，世界万事万物都是由一种原始的"纯粹经验"构成的，所谓的物体和心灵只不过是纯粹经验按照不同的组合而形成的不同结构（context），就如同一种颜料既可以与其他颜料并排陈列在商店里成为商品，也可以涂在画布上成为艺术欣赏品一样。纯粹经验本身并无精神性或物质性之分，只当我们赋予它们不同的职能，形成不同的组合，它们才被当作精神的东西或物质的东西。

将经验看成心身之间中立的东西，从而避开心身对立和相互作用的问题，这一设想最明显地表现在新实在论者的"中立一元论"上，主要以罗素（Russell）、培里（Perry）和霍尔特（Holt）等人为代表。新实在论者认为，在心灵之外有独立存在的认识对象，但这些对象不是与意识对立的客观物质的东西，而是具有某种依存关系的感觉经验，它们既不是物质的，也不是精神的，而是"中立的"，它们是构成世界的基本材料。新实在论者将这一观点称作"中立一元论"，认为它克服了唯物主义"一元论"和唯心主义"一元论"的局限，圆满地解决了心身二元论的难题。

"同一论"。这是随着脑科学和神经生理学的发展而形成的一种唯物主义的心身关系理论，最早由普雷斯（U. T. Place）、斯马特（J. Smart）、费格尔（Herbert Feigl）在20世纪50年代提出。这里的"同一"是指心理事件（现象）与物理、化学、生物等物质事件（现象）的同一。同一论认为一切心理的东西最终可以还原为物理的东西，即都可以用物理的原因来解释，因此也常被称作物理主义或物理还原主义。有些同一论者特别强调心理的东西与人脑和中枢神经系统的同一，他们的理论常被称作"中枢神经状态理论"（central-state theory）或"心脑同一论"（identity theory of mind and brain）。

同一论是有严格程度区别的。严格的同一论主张心理状态完全等同于身体（脑、神经系统）的物理状态。这也就是所谓的心理状态和过程与物理状态和过程的"一一"对应关系，根据这种关系，一类心理状态或现象可以完全还原或等同于一类物理状态或现象。证明这一观点的一个主要推理是如下类比：感觉与脑过程是同一的，就如同闪电的光与放电是同一的。因此，一类感觉与一类脑过程是一一对应的。比如我们可以说，手被火烧的"疼痛"P等同于"大脑活动"B。这种同一论也被称作"类型—类型"（type-type）同一论，意思是，某一类型的心理状态等同于某一类型的脑神经状态。

"类型—类型"的同一论是一种严格的同一论，它要求某一类型的心理状态必须与某一类型的物理状态严格等同，正由于它过于严格，它实际上是达不到的。其中一个理由是，它忽视了一个心理状态可以有多种不同的实现方式，比方说，灼烧的"疼痛"不一定只由一种脑神经状态实现，其他的脑神经状态只要能起到同样的作用，也能引起灼烧的"疼痛"。当医生问你的胃怎么不舒服，你可能会说，像火烧一样疼，而实际上胃并未被火烧，只是有火烧的那种感觉罢了，它与手指被火烧时的神经状态肯定是不同的。而且从生物、生理的角度看，也很难找到完全相同的一"类"疼痛和与之对应的一"类"脑神经状态。

为了解决"类型—类型"的同一论所遇到的困难，人们又提出了"个例—个例"（token-token）的同一论。"类型同一"与"个例同一"的区别可以简单用下面的例子来说明。比如对于句子"小明和他的父亲打乒乓球"，如果我问，这里有几个字，你会说，有十一个；若我问，这里有几类词，你会说有四类，即名词"小明""父亲""乒乓球"；代词"他的"；动词"打"；连词"和"。这说明，如果看待事物或现象的角度不同，可以有不同的观点。"个例—个例"的同一论是从单个事例来考虑心理状态与神经系统状态的同一的，或者说它是就事论事的，因此有较大的灵活性，避免了必须将某一类心理状态与某一类脑神经状态等同所遇到的麻烦。比如，此时某人右手中指的疼痛是与他的某一神经纤维活动同一的，而彼时他的右手中指的疼痛是与另一神经纤维活动同一的。总之，随着研究的深入，同一论衍生出各种不同的表现形式，发生了很大变化，但它们的唯物主义基本原则没有变。

当代西方心灵哲学及"感受性问题"。 心灵哲学是指对心灵的性质及其与身体的关系的哲学研究。当代西方心灵哲学已

120

经成为包括理论哲学、心理学、脑神经科学、认知科学、计算机科学等在内的跨学科研究领域，引起普遍的重视，但人们公认，它的理论源头仍然是笛卡儿的心身二元论，因为正是笛卡儿以二元论的方式尖锐地提出了心身关系的根本问题。而且，即使在当今，笛卡儿的许多观点和猜测仍不失其理论意义。比如，笛卡儿认为，心灵和身体是性质完全不同的实体，对心灵的性质不能用身体的性质来说明。虽然他的这个论断因其二元论倾向不能为许多人接受，但它却暗示了当代心灵哲学中至今无法解决的一个重大难题，即所谓的"感受性问题"。"感受性"是指人的感觉特有的一种性质，比如一个人在看到一个橘子时所感觉到的"黄色"。所谓的"感受性问题"是说，这种感受性只在每个人自己的心中，既不能在物理世界中找到，也无法向他人解释，即使运用光线对视网膜的刺激等科学原理，也无法说明他心中感到的"黄色"到底是什么样？托马斯·内格尔（Thomas Nagel）对此做了一个著名的论证，他以蝙蝠作类比，说明我们所遇到的"感受性问题"：蝙蝠是靠声波辨别外界事物的，即使我们能够对声波的作用原理作出精确的说明，我们也不能清楚理解蝙蝠的感觉世界是什么样。将"感受性问题"推广开来理解，于是人们普遍承认这样一个事实，在精神状态和物理状态之间存在着"解释的空白"。在此，我们不是可以看到笛卡儿思想的某种痕迹吗？

至此，我们用四章的篇幅论述了《沉思》的创作过程及主要内容，其中的丰富思想、缜密论证和深远影响，使它成为西方近代哲学的奠基之作。它的突出特点之一是笛卡儿所刻意追求的理论系统性和演绎严密性。笛卡儿从普遍的怀疑出发，找到了"我思故我在"的第一原理，然后又依据这一原理论证了上帝的存在，最后根据上帝的全能和不欺骗性，证明了物质世界的存在，作出了心身二元论的区分，并同样在上帝的保证下，确定了自然科学的合法性，构建了一个完整、系统的形而上学体系。

当然，同哲学史上一切哲学家的著作一样，《沉思》也不可避免地存在着许多错误和不足，除前面已经指出的以外，鉴于笛卡儿对方法的关注，我们要特别指出他在方法上的循环论错误。如我们所知，笛卡儿将"清楚、明白"作为真知识的标准，以此证明上帝的存在，从而保证一切知识的真实性，可是"清楚、明白"之所以能成为真知识的标准，又是靠上帝来保证的，于是，这里出现了"循环论证"，而循环论证在逻辑上是无效的。当然，笛卡儿设定"清楚、明白"的真理标准，是为了贯彻严格演绎的推理方法，对于这种方法，前提的"清楚、明白"是根本性的。对严格演绎方法的追求体现了近代自然科学方法尤其是数学方法对哲学研究的影响和渗透，在这方面，笛卡儿起到了开创性的作用。在《沉思》对第二组反驳的答辩中，笛卡儿专门按几何学方式提出了对上帝存在和心身关系的证明，其中运用了几何学中常用的定义、公理、命题、证明等方法。以笛卡儿为肇始，在相当一段时间内，用数学方法论证哲学问题成为一个趋向，如果读者有兴趣，可以看一下另一位理性主义者斯宾诺莎的重要著作《伦理学》，这本书完全是模仿几何学证明的方式写成的。

第 10 章

伊丽莎白公主与《灵魂的激情》

　　《沉思》是笛卡儿哲学的最高成就，在这部著作中，他说了此前他的哲学思考所要说的一切东西。不过，这部著作的完成，并没有给笛卡儿带来登山者到达顶峰，回首山下美景的轻松和雅兴，因为他还有两件事要做：一是要推广这部著作的思想，完成他早年关于普遍科学理想的夙愿；二是要进一步完善《沉思》中的理论。如果说第一件事是笛卡儿有计划进行的，第二件事则或多或少是他面对人们的质疑迫不得已而为之。这两件事的最终结果是两部著作的问世：前者是 1644 年 7 月在阿姆斯特丹出版的《哲学原理》（*Principia Philosophiae*），后者是 1649 年 11 月末在阿姆斯特丹出版的《灵魂的激情》（*Les Passions de l'ame*）。两本书都是用拉丁文写成的。

　　至于《哲学原理》，我们在本书第三章论笛卡儿的自然哲学思想时已经提到，它是笛卡儿完成《沉思》之后不久开始写的。他的目的是将他的哲学思想概括成"一部完整的教科书"，向整个社会推广，用来取代当时学校中普遍采用的经院哲学教材。因此他要求这本书不使用任何烦琐的推理和论证，只用简洁的语言将结论列出，并指出得出这些结论的真实理由。该书原计划写六部分，只写出四部分，它们是："论人类知识的原理"，"论物质事物的原理"，"论可见的世界"，"论地球"；第五、第六部分是关于动物、植物和人的，笛卡儿没有写。正因为是对以往思想的概括和总结，笛卡儿除了在有可能冒犯宗教神学的地方做了必要的修饰外，这本书的基本思想与以往没有什么不同。因此，笛卡儿曾向读者建议，如果觉得读《沉思》乏味，只要读《哲学原理》的第一部分就行了。

《灵魂的激情》则完全是笛卡儿的一部新作，承载着他新的哲学思考，因此有细说的必要。在此之前，我们必须提到一位对笛卡儿的后来岁月有重要影响的女士，波希米亚的伊丽莎白公主（Princess Elizabeth），因为《哲学原理》和《灵魂的激情》都与这位公主有关。

一、伊丽莎白公主

也许是个缺漏，为了连贯地叙述笛卡儿的思想历程，我们至今没有提到他的家庭生活：他结过婚吗？是否有子嗣？现在，当一位美貌的公主闯进了他的生活，而且后来发展成一种非同寻常的亲密关系，我们必须对他的家庭生活有个交代了。

1634 年年初，因伽利略事件而惊魂甫定的笛卡儿从上艾瑟尔省的德文特迁居阿姆斯特丹。同年 10 月，他在阿姆斯特丹与一位名叫海伦（Helena）的女人同居。同笛卡儿的一贯处事方式一样，他极其小心地隐瞒了关于此事的一切细节。关于海伦，现在只知她是房东的佣人，其他一概不晓。1635年7月19日，海伦生下一女，取名弗兰辛（Francine），笛卡儿当众称弗兰辛是他的侄女。笛卡儿为什么会同一位地位卑微的女佣同居生子，人们多有猜测，但始终不得其解。不论怎样，从几封信的字里行间可知，弗兰辛的出生确实为深居简出的笛卡儿带来了不少快乐。但不幸的是，1640年9月7日，弗兰辛死于热病，年仅五岁。笛卡儿悲痛欲绝，称这是他"一生最大的遗憾"。此后，海伦改嫁。笛卡儿是一位非常负责任的人，他亲自对海伦的婚事做了安排，出钱使她过上体面的婚后生活。

与海伦不同，伊丽莎白出身高贵，是波希米亚（今捷克）国王腓特烈五世的长女，比笛卡儿小二十二岁。信奉新教的腓特烈五世在与天主教军队的战争中失败，被剥夺了所有领地，流亡海牙。伊丽莎白出生于海德堡，成长于海牙。她相貌秀丽，天资聪慧，自幼喜欢学术，尤其对科学感兴趣。她有超人的语言天赋，能说法语、德语、英语、拉丁语、荷兰语和意大利语。1642年，她读了新出版的《沉思》一书，在赞赏之余，也引出了许多疑问，于是，萌生了与该书作者进行讨论的念头。1642年10月，笛卡儿从友人那里得知此事，愿意拜会这位公主，大约在年底前，两人第一次会面。此后，两人频繁通信，有五六十封之多，几乎无所不谈，1646年伊丽莎白离开联省后也未中断。两人终生保持了亲密的关系，这种关系是爱情还是友情，还是两者兼有？人们只能猜测，不能断定，但不可否认，他们的关系远远超过了一般的友情。《哲学原理》出版时，笛卡儿写了一篇热情洋溢的献辞，将该书献给伊丽莎白。笛卡儿在献词中称，只有伊丽莎白能普遍而彻底地理解他所写的东西，因为她不像其他人那样对形而上学和几何学总是偏执一端，而是具有同样出色的造诣。还可以提到的是，伊丽莎白终生未嫁，后来任赫尔福德修道院院长终其一生。

笛卡儿与伊丽莎白通信讨论最多的是哲学和科学中的问题。与当时通常的女性不同，伊丽莎白思想活跃，善于抽象推理，能够敏锐地抓住问题的要害，她的提问往往使笛卡儿难以轻松应付。

伊丽莎白给笛卡儿的第一封信是 1643 年 5 月写的。伊丽莎白指出，笛卡儿在物理学中证明，任何运动从一个物体传递到另一个物体，都是由两个物体的碰撞引起的。可是，心身作用中却有与此不同的情况，比如，当我们决定从事某种活动时，首先精神活动影响了我们神经中的元精，然后元精使肌肉运动，这说明是精神活动引起了物体的运动。于是，她向笛卡儿提出问题：人类灵魂只是一个思维实体，它如何能决定元精的运动，以从事一个有意志的行为呢？因为凡是运动都由三个因素决定，一是运动物体的推动，二是运动物体推动的方式，三是运动物体表面的性质和形状。前两个因素取决于物体的接触，第三个因素取决于广延。可是，你将广延完全从灵魂概念中排除出去了，广延与非物质的灵魂是不相容的，那么，这个能引起身体运动的灵魂到底是什么呢？伊丽莎白要求笛卡儿对灵魂做一个比《沉思》中更明确的定义。笛卡儿立即回信，他说，当我们思考任何实在，比如人类心灵和物体的时候，我们使用一些基本概念来构成我们的思维。我们思考心灵时的基本概念是思想，思考物体时的基本概念是广延，两者不能混淆，因为它们都是基本的。在思考心身相互作用时也是如此。笛卡儿的意思是，伊丽莎白将灵魂作用于身体的能力与物体相互作用的能力混淆了，应当用不同的方式来思考。伊丽莎白回信说因杂事分心而不能理解笛卡儿的说明，实际上，不是伊丽莎白不能理解笛卡儿的说明，而是对笛卡儿的说明不满意。笛卡儿还试图以重力使物体落向地心为例来说明灵魂移动身体的方式，认为重力不是物体，可是它能够引起物体运动（坠落），与此相似，灵魂虽然不是物体，但它同样可以引起身体的运动。伊丽莎白对这个解释也不满意，她极力反驳说："在我看来，与其将推动物体和被物体推动的能力赋予非物质的存在，还不如将物质和广延赋予灵魂要容易得多。"

伊丽莎白的问题触及笛卡儿心身二元论的要害：既然心身根本有别，它们如何相互作用？笛卡儿在写《沉思》的时候并没有充分意识到这个问题的严重性，他当时的目的主要是说明心身两者的区别，而不是它们的相互作用。在说到心身相互作用的时候，他只是用生理和物理的解释匆匆带过，也就是说，他还没有从哲学的根本意义上考虑这个问题。伊丽莎白一针见血的提问，她为弄清问题锲而不舍的执着，使笛卡儿不得不认真地考虑这个问题。笛卡儿在给伊丽莎白的信中说，关于人类灵魂有两个事实，第一个事实是，灵魂是思想的，第二个事实是，灵魂与身体结合在一起，可以对身体发生作用。他以前主要说明了第一个事实，对第二个事实几乎什么也没说。对于如何说明第二个事实，笛卡儿感到了极大的困难，他不得不承认："在我看来，人类心灵无法同时构想身体与灵魂的分别又构想它们的结合，因为这样必然要将它们构想成一个东西，同时又将它们构想成两个东西，而这是荒谬的。"那么，在此情况下该怎么办呢？笛卡儿建议，最好的办法是不要深陷于思辨中，而应该记住和相信由感觉和想象得出的结论，因为那些仅仅运用自己感官的人，毫不怀疑灵魂能够移动身体，身体对灵魂发生作用，而且认为身体和灵魂是同一个东西，也就是说，他们从感觉出发，把心身看成是统一的。笛卡儿的这个建议是发人深省的，因为它是从一个拒绝相信感觉和想象的可靠性、完全诉诸理性思辨的人口里说出来的，这无异于承认理性思辨也不是完全可靠的，感觉反倒具有某种真理性。笛卡儿陷入了由他自己的理性思辨所设下的困局中。

当然，笛卡儿不是一个轻易改变自己观点的人，他至死也没有放弃他的心身二元论。不过，他确实开始认真思考心身相互作用的问题了，为此他写了他一生中最后一本重要著作《灵魂的激情》。他说这本书是为伊丽莎白而写的，因为伊丽莎白是讨论激情问题的"最佳对话者"。

二、《灵魂的激情》

《灵魂的激情》是笛卡儿在 1645 年冬至 1646 年间用法文写成的。1646 年 3 月，笛卡儿去海牙时，给伊丽莎白带去了初稿。伊丽莎白回信提出了一些改进建议，笛卡儿基本接受。这本书于 1649 年 11 月末在阿姆斯特丹和巴黎出版。

《灵魂的激情》分三部分：第一部分是"激情总论，及附论人的全部本性"；第二部分是"论激情的数目和顺序，并对六种主要激情作出说明"；第三部分是"论特殊的激情"。如前所说，笛卡儿写这本书的主要目的是要说明心身的相互关系和作用，他把激情作为说明这个问题的切入点或全部，他认为激情正是心身相互作用的产物。他所采用的办法仍然是他所惯用的对人类心理和生理现象的描述和分析，而其中许多内容，比如对心脏、元精、神经、血液等作用的描述，他以前曾多次提到，只不过这次更系统、更详细了。我们可以从以下几方面介绍笛卡儿的观点并进行简要的评论。

灵魂与身体的区别

要理解灵魂的激情是如何由灵魂与身体的相互作用产生的，首先必须了解灵魂的功能与身体的功能有何区别。因为我们所说的灵魂中的激情，就是通常所说的身体中的"活动"，两者是一回事，但可以分别从灵魂和身体两方面来理解。所以，要知道什么是激情，最好的办法就是考察灵魂与身体之间的区别，以便知道它们在激情的产生过程中起什么作用。对此，我们有一个基本的断定，即我们通过观察可存在于无生命体中的东西必定属于身体，比如无生命体（如一块石头）具有大小和广延，因此我们的身体也一定具有大小和广延。而在我们心中，且不能构想为属于物体的东西，必定属于灵魂。肢体的热量和运动来自于身体，思想来自于灵魂。虽然身体与灵魂结合在一起，但身体不依赖于灵魂，灵魂也不依赖于身体。当身体死亡，既无热又不动，灵魂就离它而去。死人的身体与活人的身体的区别就像正常运行的钟表与坏了的钟表之间的区别。可以看出，在这里，笛卡儿仍坚持了他关于心身二元论的基本立场：心身是不同的实体，有不同的根本属性，两者互不依赖。

身体的组成部分及功能

身体由心脏、脑、胃、肌肉、神经、动脉、静脉等部分组成。食物进入胃和肠，经消化，其精华先后进入肝和血管，与血管中的血混合起来，使血量增加。血在心脏的作用下在全身进行循环。肌肉的伸缩带动肢体的运动，肢体的运动与感官一样，依赖于神经，神经就像细小的纤维或管道，它们从脑发出，遍及全身，可以容纳元精。推动身体运动的肉体源泉是心脏中持续不断的热，它是一种特殊的"火"，保持在人的血液中。当人的肉体死亡了，这种热也就消失了。

心脏的运动将血液中最活跃、最精细的部分不停地带入脑中的空穴。它们之所以只进入脑中，而不进入身体其他部分，是因为脑中的通道狭窄，只有最活跃、最精细的部分可以进入，在那里它们形成了元精。元精是物质的东西，它们的特点是极为细小，移动快速，从不停止，就像从火把中发出的火焰微粒。有些元精进入脑中的空穴，有些由脑的细孔发出，然后进入神经，再从神经进入肌肉，以此使肢体做出各种运动。

为什么元精不总是以同样方式从脑流向肌肉，为什么有时流向此处而非彼处，就是说，为什么元精的流动具有多样性？这是因为元精的流动还受仅与身体相关的其他两个因素的影响。一个因素是外界对象的刺激在我们感官上引起的运动具有多样性。比如视觉对象通过与我们眼之间的透明中介，触动眼底的视神经中的小纤维，然后经元精将这种触动传递到脑中，由于视觉对象的不同，它们触动神经纤维和大脑的方式也不同。其他感觉也有类似情况。造成元精流动多样性的另一个因素是这些元精的强度不平衡，引起的身体运动也不同。比如喝醉酒的人，由于酒中的成分进入血液，使元精变得比平常更强烈、更丰富，于是引起醉汉作出与正常人不同的古怪动作。

灵魂的功能

灵魂的功能是思想。思想分两类，一类是"灵魂的活动"，另一类是"灵魂的激情"。"灵魂的活动"是指我们的全部欲望，即直接从我们的灵魂产生，只依赖于灵魂的东西。这类活动实际上就是纯粹的思想或思辨，它们是不超出灵魂的范围的。"灵魂的激情"是指在我们心中发现的全部知觉或认识方式，它们与"灵魂的活动"不同，因为它们不是单靠灵魂而成为那个激情的，它们永远是灵魂从它们所代表的东西那里得到的。比如，爱是一种激情，我们之所以有爱子女的激情，是因为这个激情所代表的是我们的子女。

"灵魂的活动"有两类：一类是只限于灵魂本身的活动，或只限于对非物质对象的思考，比如我们热爱上帝的欲望；另一类则以身体为指向，即所谓的意志，比如我们想散步，可以抬腿就走。"灵魂的激情"（知觉）也有两类，一类以灵魂为原因，另一类以身体为原因。前者是对我们灵魂本身的活动，即欲望、想象，以及依赖于想象的其他思想的知觉。比如，我们的灵魂在欲望某物时，必然会对这个欲望有所知觉。后者则主要依赖于身体上的神经活动。

根据知觉对象的不同，可以将知觉分为三种。第一种是与外界对象有关的知觉，它们是由外界对象引起的，外界对象在感官上引起某种运动，然后通过神经在脑中引起某种运动，使灵魂知觉到这些对象；第二种是与身体有关的知觉，比如我们对饥、渴等自然欲望的知觉；第三种是只与我们的灵魂有关的知觉，我们感到这种知觉时，就好像它们在我们灵魂本身中一样，我们通常不知道这种知觉的最直接原因是什么，比如，高兴、愤怒等知觉，它们有时被触动我们神经的对象所引起，有时被其他原因所引起。

"灵魂的激情"的定义

虽然在最广泛的意义上说，上述第一、第二种知觉都可以称作激情，然而在这里所考察的严格的意义上，只将第三种知觉，即只与灵魂相联系的知觉称作激情。由此可以将"灵魂的激情"定义为："它们是特别与灵魂相联系的知觉、感觉或情绪，它们由元精的某种运动所引起、保持和加强。"

前面说过，笛卡儿认为，要理解灵魂的激情是如何产生的，首先要区分身体的功能和灵魂的功能。在对身体的功能的描述中，他强调了脑、神经系统和元精的作用。在对灵魂的功能的分析中，他将完全依赖于灵魂本身的"活动"或纯粹思想，与联系到不同对象的三种"知觉"区分开来，然后又将只与灵魂有关的知觉定义为"激情"，作为他的研究主题。笛卡儿的上述分析非常烦琐，也并不准确，我们没有必要一定把它搞清楚，只要弄清他的目的就行了。笛卡儿的目的就是要从形形色色的意识现象中，把最能体现心身结合的"激情"拿出来，作为基本的例证，以说明心身是如何相互作用的。所以他说，他将激情特别与灵魂联系起来，就是为了将它们与颜色、声音、气味等与外界对象相联系的感觉区分开来，与饥渴、痛苦等与肉体相联系的感觉区分开来，与单纯的灵魂的欲望区分开来。而所有这一切，都是为了说明，灵魂实际上是与整个身体连接在一起的。我们不能设想灵魂只在身体的某一部分上存在，因为灵魂不具有物质的广延、大小等属性，所以不可能有半个灵魂或三分之一个灵魂，它只能与各器官组成的整个身体有关。

心身相互作用的处所——松果体

要说明心身的相互作用，光指出两者相互连接是不够的，还必须指出它们在哪里发生作用，作用的机制是什么，这才是最关键的。的确，身体是实实在在的肉体，我们可以看见、可以摸到，而灵魂是无形体的，我们既看不见，也摸不着，它在何处与身体发生作用呢？笛卡儿根据他的解剖实验认为，灵魂所在的部位既不是许多人所说的心脏，也不是整个大脑，而是人脑中部深处的松果体，灵魂在那里居住并执行它的功能。松果体中的微小运动可以使元精的流动过程发生大的变化，元精流动过程中的微小变化也可以引起松果体的变化。松果体是一个腺体，因形似松果而得名。根据现代医学研究，松果体分泌褪黑激素，有抑制性成熟的作用，人至成年时渐趋退化。把松果体作为灵魂的居所和活动地，是笛卡儿早在《论人》中就已提出的一个观点，他在《灵魂的激情》中进一步肯定了这个观点。他的理由是，人脑的其他部分总是成双成对的，只有松果体是单一的，而我们在同一个时间里出现的思想是单一的，不可能同时出现两个思想，因此我们由双眼、双耳得来的影像一定是在单一的松果体中汇合起来，然后进入灵魂，否则，就会在灵魂中出现两个影像。

那么，灵魂是如何在松果体中与身体发生相互作用的呢？笛卡儿给我们描述了如下一幅图景：松果体悬挂于各脑穴之间，它既可以被脑穴中元精以各种不同的方式推动，也可以被在其中居住的灵魂所推动，于是，松果体就成了灵魂和身体之间传递运动或作用的中介。一方面，当松果体由于元精的推动而发生不同的运动，就会对灵魂产生影响，使灵魂有了与松果体中运动相应的不同知觉。另一方面，当灵魂推动松果体时，松果体就将它周围的元精推入脑的细孔，脑则将元精通过神经引导到肌肉，使肢体发生运动。举例来说：当一个动物走近我们，从动物身体反射的光线勾画出动物的两个影像，分别呈现于我们的双眼，这两个影像通过视神经，在脑的内表面形成另两个影像，这两个影像通过充满脑穴的元精，扩展到松果体，对松果体发生作用，并在那里合而为一，然后对灵魂发生作用，于是，灵魂看到了那个动物的形象。

笛卡儿把松果体当作灵魂的居所，以松果体为中介来说明灵魂和身体的相互作用，只是这位善于幻想的思想家的又一个假设，没有任何科学的依据。现代科学已经证明，人的意识活动是人脑这块特殊物质的机能，与人脑中那个松果形的腺体没有什么关系。而且，笛卡儿的假设也不能从根本上解决心身相互作用的理论问题，因为他所说的一切只不过是将灵魂与身体相互作用的普遍问题具体化了，变成了灵魂通过松果体与元精等的相互作用问题，可是松果体和元精等仍然是物质的东西，具有物质的性质和运动规律，它们如何与精神性的灵魂发生相互作用，仍然没有得到说明，按本书第九章提到的当代西方心灵哲学的说法，这里仍然有一个"解释的空白"。松果体，这个人体上鲜为人知的器官，正因为笛卡儿用它来说明心身关系之故，而成为西方哲学中的一个知名术语，同时，它也标志着笛卡儿心身二元论的失败。

激情的种类及其产生

笛卡儿罗列了近四十种激情，但认为主要的有六种，其他激情都是这六种主要激情派生出来的。这六种主要激情是：惊奇、爱、恨、欲求、快乐、悲伤。

笛卡儿对各种激情都做了详细的分析和描述，我们可以举例说明。比如，什么是惊奇？笛卡儿的定义是："惊奇是灵魂的突然的惊讶，使灵魂注意考虑那些稀少的异常对象。"惊奇是如何产生的呢？笛卡儿认为，惊奇首先是由感官呈现给我们脑中的印象引起的，这些印象将对象表现为极为稀少，因而值得我们多加关注。然后，这个印象又支配元精以很大的力量冲向印象在脑中所居的部位，使印象在那里得到加强并保持下来。该印象还支配元精流向控制感官的肌肉，使感官保持在同样状态；而印象本来就是由感官形成的，感官保持同样状态，也就使印象同样得到保持。又如，什么是爱？爱是灵魂的一种情绪，由元精的运动所引起，该元精刺激灵魂，使它自愿地将自己与使它愉快的对象结合在一起。恨也是由元精引起的灵魂的一种情绪，它与爱不同，它使灵魂将自己与对其有害的对象分开。

在六种主要激情中，除惊奇是单一的，需要单独来考虑，其他五种激情有互相反对的，比如爱和恨、快乐和悲伤；有两种取向的，比如欲求，我们既欲求获得善的东西，也欲求避开恶的东西。而且这五种激情还有互相结合的情况，比如对获得善的欲求往往有爱和快乐相伴随，对避开恶的欲求往往有恨和悲伤相伴随。在对这些激情的描述中，笛卡儿所要强调的是，不论这些激情是如何产生的，它们都是灵魂和身体互相作用的结果，而且在这一过程中，不但有脑的参与，而且心、脾、肝等一切有助于产生血液和元精的身体各个部分都发挥了作用。于是，笛卡儿通过对激情的说明，将灵魂与身体的相互作用全面展现了出来。

激情的伦理功能

通过六种主要激情的不同组合和派生，可以产生许多特殊的激情，包括尊重与鄙视、希望与恐惧、自信与失望、勇气与勇敢、骄傲、慷慨、嫉妒、寡断、怯懦、后悔、藐视、怜悯、自满、感恩、忘恩负义、愤怒等等。这些激情的重要特点在于，它们与人的处世态度、价值取向和行为方式有密切联系，因此有了伦理道德的含义。虽然笛卡儿没有系统的伦理学著作，但从他关于激情的论述中，我们也可以看出他的基本道德追求。比如，他强调意志自由，主张人与人之间的平等和互相尊重，将有利于他人和社会作为指导行为的准则。

实际上，这一时期，笛卡儿越来越多地关注道德问题，比如他在与伊丽莎白的通信中就多次谈到这个问题。他曾建议伊丽莎白读古代罗马哲学家塞涅卡（Seneca）的《幸福生活》（*The Happy Life*）一书。他认为塞涅卡的行为准则不是宗教信仰，而是人的自然理性。他根据塞涅卡的观点指出，人的幸福只在于心灵的满足，不幸只是相对的，内心坚强的人可以无视不幸，不论发生什么事情都能达到内在的幸福。他还提出了达到幸福的三条规则：1. 永远尽可能运用自己的心灵，去发现在各种生活境遇中应该做什么，不应该做什么；2. 不受激情和欲望的左右，永远而坚定地做理性所指引的事情；3. 虽然我们可以尽一切努力按照理性的指引行事，但有些善事不是人的能力所及的。因此，人们要习惯于适可而止，不强求做自己不能把握的事情。笛卡儿的结论是："最大的幸福在于正确地运用理性。"

　《灵魂的激情》是当时系统论述人类情感的最重要著作，虽然笛卡儿的主要目的是为了说明心身之间的相互作用，以完善他的哲学体系，但从他的论述可以看出，他并没有达到他的目的，甚至最终也没有使伊丽莎白公主满意。他所提出的心身二元论注定要作为西方哲学发展中的一个重要环节而永载史册。

第 11 章

最后的旅程

一、"一只脚在一个国家，另一只脚在另一个国家"

1628 年，32 岁的笛卡儿离开自己的祖国，漂泊异乡，一心追求他的科学理想。转眼十余年过去了，随着《谈谈方法》和《沉思》等著作的问世，他已经成为享誉欧洲的著名学者。可是，这位以"要生活得愉快，就要隐秘地生活"为生活准则的法国人，当他为了避开公众的视线而隐居异国乡间，当他像一个匆匆过路的旅行者，不断从一个地方迁往另一个地方，他是否想到过他的祖国，是否想到过布列塔尼的家人呢？回答当然是肯定的：祖国和家乡永远是他魂牵梦绕的地方。不过，笛卡儿知道，他的人生使命是献给科学和哲学的，为了实现他的人生理想，他必须找到一个和平、安全，能够从事自由思想的地方。这是他当初离开法国的主要理由，即使当他已经成为一个名人，也仍然是他考虑是否离开荷兰，是否回到法国的主要因素。在离开法国十六年后，他曾三次离开荷兰回国，而后又很快返回荷兰，都与这个因素有很大关系。后来笛卡儿在给伊丽莎白的信中曾谈到自己的处境，他说，鉴于法国的社会动荡，他宁愿待在一个和平的国家等待法国的狂风暴雨过去。他形容自己是"一只脚在一个国家，另一只脚在另一个国家"，但他对此感到满足，因为他是自由的。

尽管笛卡儿小心谨慎，生怕得罪教会和世俗统治者，但自从《沉思》发表以后，他就不得不为自己的观点承受主要来自神学家们的攻击，即使在荷兰也不能幸免。荷兰新教神学家对非正统思想的压制，丝毫不比法国的耶稣会士们逊色。

1640 年，笛卡儿的追随者，乌特勒支大学的理论医学教授雷吉斯（Henricus Regius，法文名勒卢阿 Le Roy）开始讲授笛卡儿的自然哲学，尤其是血液循环理论，受到以乌特勒支大学校长、神学教授希斯贝特·伏埃特（Gisbertus Voetius）为首的神学家们的攻击。当雷吉斯公开反对将亚里士多德的哲学作为基础，并开设关于人性的课程时，对他的攻击达到白热化，把他说成是无神论者，指责他对校长无礼和诽谤。最后，雷吉斯的书被没收，他所讲授的"新哲学"也被禁止。在这场争论中，笛卡儿是雷吉斯的支持者，给雷吉斯提供了很多建议。伏埃特也不指名地谴责笛卡儿是幕后指使者。在雷吉斯受到不公正对待后，笛卡儿借《沉思》于 1642 年出第二版，附上了一封"致迪内神父的信"。迪内是笛卡儿在拉弗莱舍上学时的教务长，当时是耶稣会法国区的教长。笛卡儿在信中谈了对雷吉斯事件的看法，他一方面为雷吉斯鸣不平，为自由的哲学讨论做辩护，另一方面猛烈抨击伏埃特的所作所为，说伏埃特滥用校长职权，压制新思想，是一个不道德、好争吵、愚蠢、恶毒、不公正的神学家。

笛卡儿的信引起伏埃特和校方的强烈反应，校方成立一个专门委员会对此事进行调查，伏埃特则指使他的追随者对笛卡儿进行反击。1643 年 5 月，笛卡儿写了《致尊贵的绅士希斯贝特·伏埃特先生的一封信》（*Letter to the distinguished gentleman, Mr. Gisbertus Voetius*），用拉丁文和荷兰文发表。在信中，笛卡儿首先为思想自由辩护，认为哲学研究应当是自由的，即使出现错误也不会有损害，而一旦发现了真理，将极大地造福人类。他还对自己的人生态度做了表白，说自己是最爱好和平的，从来不会用法律来反对任何人，也不会与任何人争吵。他远离法国，就是为了能摆脱日常琐事的烦扰，全心从事有利于整个人类的科学研究。然后话锋一转，他对伏埃特进行了攻击，说他是喜欢抱怨、极端刻薄、不断制造麻烦的人，总想用争吵毁坏别人的名誉，而自己却摆出固执、无情、令人畏惧的样子，使人们不敢与之争论。1643 年 6 月，乌特勒支市议会以诽谤罪传唤笛卡儿，笛卡儿没有应诉，他早已跑回了荷兰省的家中。在当时，跨省的诉讼案件是很难执行的，何况有谁会知道笛卡儿的行踪呢？不过，笛卡儿并没有将这件事置于脑后，攻击他的人说他有无神论倾向，是隐蔽的无神论者，这使他感到忧心忡忡。为了自身安全，在朋友的建议下，他写信请求法国驻荷兰大使的保护，并通过大使请求联省执政的干预，最后使这件事不了了之。

　　1644 年 5 月，笛卡儿回到法国。这是他离开法国十六年后第一次踏上祖国的土地，举目所见，已经物是人非。法王路易十四刚刚即位一年，母后摄政，首相掌握实权，国内政局仍然动荡。思想界也很不平静，笛卡儿最忌惮的耶稣会仍在疯狂压制自由思想。曾撰写对《沉思》的第四组反驳的阿尔诺是笛卡儿思想的追随者，这时他正因反对耶稣会而受到迫害。笛卡儿启程回国前就得知阿尔诺的遭遇而心有余悸，他知道，耶稣会士对阿尔诺的仇恨完全可能发泄到他的身上。因此，笛卡儿回国后没敢大肆声张，只同少数几位最可靠的朋友相聚，此外还安排了将《哲学原理》译成法文的事。笛卡儿的父亲和姐姐已于四年前去世，笛卡儿看望了父亲的墓地和仍在世的哥哥，处理了父亲遗产事务。同年 11 月，笛卡儿带着离别家乡的几分凄楚返回荷兰。

　　笛卡儿的愿望是避开一切烦扰，安安心心地从事科学研究，可是偏偏事与愿违，似乎他注定要陷入不断的争端中去。1647 年，莱登大学的神学家们发生争论，最后演变成同情笛卡儿的神学家与反对笛卡儿的神学家的争论，甚至闹到要由政府官员来解决纷争的地步。反对笛卡儿的神学家歪曲笛卡儿的观点，说笛卡儿的思想是异端，这使笛卡儿感到紧张，他自称这是他面临的又一场战斗。笛卡儿最担心的是受到宗教法庭的起诉，于是，在朋友的建议下，他故伎重演，写信请求法国驻荷兰大使通过荷兰执政给予帮助，但因大使当时不在任未果。最后，莱登大学为了避免教员之间的矛盾加剧，采取息事宁人的态度，决定停止关于笛卡儿的一切争论，不许发表支持或反对笛卡儿的言论。尽管笛卡儿逃过一劫，但荷兰神学家们的所作所为确实令他寒心，他在给伊丽莎白的信中说："我只要求公正。如果我不能得到公正，那我最好还是悄悄地隐退吧。"1647年6月，笛卡儿再次返回法国，这一次，他有了定居法国的打算。

笛卡儿首先回到家中处理了一些家庭事务，然后回到巴黎。此时，他的密友梅森患病，庸医为他放血治疗，结果割断了动脉，使病情加重，于次年去世。

笛卡儿这次巴黎之行特别值得一提的是他与巴斯卡的会面。布莱兹·巴斯卡（Blaise Pascal）是17世纪欧洲最优秀的数学家和物理学家之一，是近代概率论的创始者，他还发明了世界上第一台用于四则运算的计算器。他的《思想录》和《致外省人的信札》都是西方思想史上的名著。巴斯卡的父亲艾蒂安·巴斯卡（Étienne Pascal）也是数学家，曾支持费马批评笛卡儿的《几何学》。小巴斯卡比笛卡儿小二十七岁，与笛卡儿比是小字辈，但他的数学天赋已是无人不晓。1647年9月23日，笛卡儿在一位朋友的陪同下访问了巴斯卡，这是两位科学巨匠的第一次见面，可惜的是，巴斯卡这时正疾病缠身，行走和说话都很困难。

笛卡儿走进巴斯卡的房间，发现一位名叫吉尔斯·罗贝瓦尔（Gilles Roberval）的人也在座相陪，笛卡儿有几分不悦，因为他曾与这位罗贝瓦尔先生打过交道，后者曾批评笛卡儿的《几何学》未能解决所谓的"帕普斯问题"，笛卡儿则认为罗贝瓦尔不懂几何学，是一个蹩脚的数学家。笛卡儿先与巴斯卡谈论计算器，笛卡儿对巴斯卡的发明赞不绝口。可是当两人谈到有关真空的问题，分歧就来了。当抽动唧筒的活塞，唧筒中有什么存在？巴斯卡说唧筒中是真空，什么也不存在，笛卡儿不承认真空，他认为唧筒中一定进去了更精细的物质。两人各持己见，互不相让。笛卡儿对巴斯卡的固执并不在意，但对罗贝瓦尔在旁边的帮腔怒不可遏。时近中午，笛卡儿与罗贝瓦尔一同乘马车离开巴斯卡的寓所，在车上两人恶言相向。笛卡儿决定第二天上午再来与巴斯卡讨论。第二天上午 8 时，笛卡儿准时来到巴斯卡的寓所，两人进行了三个小时的单独谈话，除了学术上两人各自澄清自己的观点，笛卡儿还以长辈自居，给巴斯卡提出了不少休养身体和治病的建议。

1648 年 9 月，巴斯卡委托他的姐夫在多姆山做了著名的空气压力实验：将装有水银的特殊试管置于山的不同高度，观察水银柱的高度变化，证明大气是有压力的。巴斯卡将实验结果告诉了笛卡儿，笛卡儿同意实验的结果，但他仍然认为水银柱上部出现的空间不是真空，一定有某种物质，只不过肉眼看不见罢了。他评价巴斯卡说："看来这位年轻人脑袋里想真空太多了……如果我不错的话，他的论证和结论都是不可信的。"他还透露，这个实验正是他在 1647 年 9 月 24 日与巴斯卡的交谈中建议的。可以看出，两位科学巨匠在真空问题上的分歧很大程度上是由他们考虑问题的不同角度决定的：巴斯卡注重的是实验的观察和结果，而笛卡儿则更相信由形而上学推理所得出的结论。

1647年9月，法王赐予笛卡儿三千里弗尔（法国19世纪前货币名，后被法郎代替）年金，表彰他为哲学所作的贡献，并作为他从事科学实验的经费。这笔钱大约相当于一位教区牧师十年的生活费。10月，笛卡儿回到荷兰家中，但这次回荷兰是暂时的，六个月后，1648年5月，他再次返回法国。这里有几方面的原因：一是笛卡儿对于客居荷兰近二十年仍不能得到公民待遇感到不满，觉得还不如回到自己的祖国更心安理得；二是法国的许多人士希望他回去，他们说不愿意看到一位法国的名人流亡海外；三是国王答应给他新的年金和其他优厚待遇。但当笛卡儿回到巴黎，除了他对祖国的依恋以外，其他两件事都未如人意。他发现国内要求他回去的人并没有看到他的真正价值，只是把他当作一个珍奇的动物来看待，只是想目睹一下这位名闻遐迩的哲学伟人长得什么样。国王许下的年金和其他待遇也因时局的动荡成为泡影。原来，由于支持与西班牙的长期战争，法国民众不堪承受沉重赋税，于1648年爆发了以朝廷为一方（王太后和首相），议会为另一方的对抗，后来演变为反专制的内战，史称"福隆德运动"。巴黎市民筑起街垒，准备与王室的军队战斗。笛卡儿历来主张服从国家权力，从不希望用战争和暴力解决社会问题，他对巴黎混乱的政治局面充满恐惧。于是，他不顾一切地逃离了巴黎，于9月初回到埃格蒙特僻静的家中。

二、瑞典：致命的冬日

1644 年回国时，笛卡儿认识了当时法国驻瑞典的代表沙尼（Chanut）。沙尼非常欣赏笛卡儿的学识，两人很快成为朋友。沙尼对道德学感兴趣，曾请笛卡儿给他解答关于什么是爱的问题。笛卡儿给他写了一封长信，从什么是爱，单凭人的天然理性是否可以使人爱上帝，爱和恨如果失去控制，何者更有害等几方面谈了自己的观点。当时的瑞典女王克里斯蒂娜（Christina）是幼年即位，1644 年 18 岁时亲政，她喜欢文学，通晓几种语言。沙尼非常想将笛卡儿介绍给女王，以显示自己国家在学问方面的精深。他将笛卡儿的《哲学原理》推荐给女王看，引起女王的极大兴趣。后来女王请沙尼转达了几个问题请笛卡儿解答，笛卡儿也欣然应命，写长信答复。

1648 年 9 月至 1649 年 3 月，女王几次邀请笛卡儿访问瑞典，向她讲授哲学，笛卡儿对此犹豫不决。虽然笛卡儿对与女王的交往感到荣幸，但他对访问瑞典不感兴趣。因为他知道女王喜欢的是文学而不是哲学，未必会欣赏他的哲学说教。笛卡儿不愿去瑞典的另一个重要原因是他对瑞典的气候感到恐惧，他担心在那个"岩石和冰雪"的国家里，他的身体会经不起严冬的考验。但女王的盛情难却，笛卡儿最后还是决定在夏季访问瑞典，入冬前赶回。可是这位经历了无数次远行的旅人没有想到，这一次竟成了他人生的最后旅程。

似乎有某种不祥的预感，笛卡儿对这次瑞典之行做了与以往任何一次出行都不同的安排。除了几封信外，他将他所有写下的东西，包括不准备发表的手稿，都随身携带。临行前他对所欠债务做了交代，甚至嘱托了自己的后事。1649年9月1日，笛卡儿从阿姆斯特丹出发，经哥本哈根，于10月初到达瑞典首都斯德哥尔摩，住在沙尼家中。

瑞典女王很快接见了笛卡儿。笛卡儿对女王的个人印象相当不错，对女王的热忱也心怀感激，但他无法适应这里的生活。按照女王的要求，笛卡儿必须在早晨五点钟到她在王宫的图书馆讲授哲学，这对于一贯喜欢恋床的笛卡儿无异于残酷的折磨。而且时至冬日，清晨天不亮就要赶往王宫，一路上寒风刺骨，使笛卡儿不堪忍受。更糟糕的是，在这里他没有时间从事他所热爱的科学研究，沉闷的思想氛围甚至激不起他思考问题的兴趣。他抱怨说："这里不但水结了冰，人的思想似乎也冻住了。"女王察觉了笛卡儿的去意，建议他除讲授哲学之外，用些时间熟悉瑞典这个国家。可是，笛卡儿的心思根本不在这里。他焦虑的是，他不得不在这里度过可怕的冬天了。

12月20日，沙尼从法国回来，这时他已升任驻瑞典大使。好友的到来，使笛卡儿稍感欣慰。可是好景不长，1650年2月1日，笛卡儿轮值入宫，回来时受了凉，一病不起。女王派御医来诊治，笛卡儿自认为并无大碍，完全可以自然康复，因此拒绝任何治疗。由于笛卡儿对人的生理活动有深入研究，因此对自己的医学知识颇为自信。他把医学当作知识大树的枝，认为是与人类关系最密切的科学，因为它可以使人类获得长寿。他自称自己可以活到一百岁以上。他还向包括伊丽莎白、巴斯卡在内的许多人提过休养身体和治病的建议。他的有些看法，比方说，他主张多吃蔬菜和水果，少吃肉类，饭量以感到舒适为宜，注意保持精神的愉快和豁达等，从现代的养生观点看，也是有道理的。可是，他没有想到，这次过分的自信竟使他付出了生命的代价。当医生建议为他放血治疗（这几乎是当时最有效的治疗方法了），笛卡儿坚决不同意，他说："不要流法国人的血啦！"发烧到第八天，笛卡儿的病情丝毫不见好转，而且越来越严重，这时笛卡儿才意识到问题的严重性。他同意放血治疗，但为时已晚。1650 年 2 月 11 日凌晨四时，笛卡儿因肺炎去世。

三、尾　声

　　2 月 13 日，笛卡儿的葬礼在斯德哥尔摩举行，这位哲学伟人被安葬在一所孤儿医院的墓地。沙尼清理了笛卡儿的遗物，将他的书信寄给他的家人；笛卡儿保留的伊丽莎白的来信由伊丽莎白本人收回。1653 年，沙尼携带笛卡儿的文稿返回法国，在渡过塞纳河时，船只沉没，文稿尽落水中，三天后打捞出来晾干。几年后，笛卡儿的声望日隆，国内发出了要将笛卡儿的遗骨迁回法国的呼声。1666 年 5 月 1 日，笛卡儿的遗骨由墓穴中起出，6 月初启程迁往巴黎。途中几经耽搁，于 1667 年 1 月到达巴黎，暂存圣保罗教堂。1667 年 6 月 24 日，迁往热纳维耶夫-德-蒙教堂。1793 年 10 月 2 日，法国大革命中的国民大会认为，笛卡儿值得享有伟人的荣誉，决定将他的遗骨迁往先贤祠（Pantheon），但这个决定由于种种原因未能执行。后几经周折，笛卡儿的遗骨最后落葬在本尼迪克特僧团的圣日耳曼修道院。

虽然笛卡儿一生不愿得罪教会，然而，他死后仍然未能逃脱教会的谴责。1663 年，罗马宗教法庭将笛卡儿的《沉思》《灵魂的激情》，以及其他若干著作和书信判定为禁书。但是，如同历史上任何一种先进思想都不能靠压制来禁绝一样，笛卡儿的学说及其价值已经得到了普遍的承认。尽管受时代的局限，他的思想还有许多不足和错误，他的人格也算不上十分完美，但他所提倡的理性精神和科学精神，他为科学事业所作出的卓越贡献，已经成为西方乃至人类思想史上的宝贵财富，他的历史功绩是永远不会磨灭的。

附　录

年　谱

1596 年　3 月 31 日，出生在法国西部都兰一个名叫拉伊的小镇。出生三
　　天按天主教仪式受洗。十四个月后，其母去世。

1607 年~1615 年 9 月　在法国安茹省的拉弗莱舍耶稣会学院读书。

1615 年~1616 年　入普瓦捷大学学习法律，获法学学士学位，经答辩，获
　　法律从业资格。

1618 年　年初，到联省执政官拿骚的毛里茨的军队当侍从军官。

1618 年　11 月，在布雷达初识伊萨克·贝克曼，讨论数学问题。

1619 年　4 月~7 月，访丹麦、波兰、匈牙利、德国；加入马克西米连的
　　天主教军队。

1619 年　11 月 10 日，在多瑙河北岸的乌尔姆村驻扎时做了"奥林匹亚之
　　梦"。

1621 年　7 月，离开军队回国。

1622 年~1628 年　主要居巴黎，期间结识梅森神父，后保持终生友谊。

1623 年 9 月~1625 年 6 月　访问意大利，打算访问伽利略未果。

1628 年　11 月，在巴黎的一次学术沙龙上，驳斥尚杜的"新哲学"。

1627 年~1628 年　写作《指导心灵探寻真理的规则》，未完成。

1628 年末~1644 年 5 月　离开巴黎，长住荷兰。

1629 年下半年~1633 年 11 月　完成《论世界》，及《气象学》《屈光学》

《几何学》三篇论文。

1633 年　6 月，伽利略被罗马教廷以宗教异端罪判刑，笛卡儿于 11 月得
　　　　知此事后取消《论世界》的出版计划。

1634 年　10 月，在阿姆斯特丹与女佣海伦同居，生一女弗兰辛。

1637 年　年初，《谈谈方法》法文本在莱登出版，由"序言"和《气象
　　　　学》《屈光学》《几何学》三篇论文组成。

1637 年 4 月~1638 年 10 月　与费马就几何学展开争论。

1639 年 1 月~1640 年 3 月　用拉丁文写《第一哲学的沉思》。

1640 年　9 月，女儿弗兰辛死于热病。笛卡儿称这是他"最大的遗憾"。

1641 年　8 月，在征求部分学者的意见并做答辩后，《第一哲学的沉思》
　　　　在巴黎出版。

1642 年　5 月，在《第一哲学的沉思》第二版中附上"致迪内神父的信"，
　　　　抨击乌特勒支大学校长伏埃特。

1643 年　5 月，发表《致尊贵的绅士希斯贝特·伏埃特先生的一封信》，
　　　　继续抨击伏埃特。

1642 年　年末，结识波希米亚公主伊丽莎白。讨论学术问题，并保持亲密
　　　　关系。

1644 年　5 月，离开法国十六年后第一次回国。

1644 年　7 月，作为"一部完整教科书"的《哲学原理》在阿姆斯特丹出
　　　　版，将书献给伊丽莎白公主。

1645 年冬~1646 年　用法文写成《灵魂的激情》，自称是为伊丽莎白公主
　　　　而作。

1647 年　卷入莱登大学教员之间的冲突。

1647 年　6 月~10 月，回到法国。其间访问了数学家、物理学家巴斯卡。
　　　　接受法王的三千里弗尔年金。

1648 年　5 月~9 月，再次回法国，因法国政局动荡而逃离。

1649 年　9 月，应瑞典女王邀请，启程赴瑞典给女王讲授哲学。

1649 年　11 月，《灵魂的激情》在阿姆斯特丹和巴黎出版。

1650 年　2 月 1 日，赴王宫为瑞典女王讲课受凉病倒。2 月 11 日因肺炎病
　　　逝，享年 53 岁。

主要著作

1.《音乐简论》（Compendium Musica），1650 年。

2.《指导心灵探寻真理的规则》，1684 年。

3.《论世界，或论光》，1664 年。

4.《论人》，1662 年。

5.《谈谈方法》，1637 年。

6.《第一哲学的沉思》，1641 年第一版，1642 年第二版。

7.《哲学原理》，1644 年。

8.《灵魂的激情》，1649 年。